경험의 힘,

최영일

부를 만드는
경험의 힘

부를 만드는
경험의 힘

조영일 지음

SNOWFOX

부족하고 결핍되고 불확실하고 불안한 당신에게

이 책을 시작하며 독자 여러분에게 꼭 당부하고 싶은 것이 있다. 우리는 독서를 통한 지식 습득에 있어서 과도한 거대담론에 치우쳐 있다.

인간은 기나긴 인류 역사를 거쳐 오면서 방대한 지식체계를 갖출 수 있었다. 고대부터 현대에 이르는 의·식·주와 관련된 생존의 기술, 과학 발전을 통해 자연을 개발하고 통제해온 능력, 종교, 철학, 문학, 역사의 해석과 같은 인문학과 자연과학이 모두 인간 공동의 자산이다. 인류는 종 자체로 생태계에서 우월하며, 인류 공동체 집단의 성과는 위대하다.

그런데 막상 우리는 우리 자신을 얼마나 알고 있는가? 이 책은 여기에 집중하고 있다. 이 흐름을 놓치지 말아 달라는 당부로 책을 시작한다.

이 책을 관통하는 첫 번째 질문은 이것이다. 우리가 인류 역사상 가장 고도의 문명시대, 첨단사회를 살아가고 있는데, 당신은 왜 가난한가? 이 질문을 듣고 당신 스스로 부자라고 느끼면 이 책을 덮을 것이다. 좋은 선택이다. 하지만 당신이 부족하고 결핍을 느낀다면 이 책과 함께 더 나아가자.

두 번째 질문은 이렇다. 어떤 문제든 검색하면 스마트폰에서 수많은 답이 튀어나오는 세상인데 당신은 왜, 무엇이 불안한가? 조금 깊이 들어가면 불안, 불확실성, 불완전하다고 느끼는 자기 자신, 이 세상, 답은 많은데 내 답은 안 보이는 세상에서 얼마나 불행한가? 나는 충분히 행복한데?라고 느끼는 독자라면 여기서 이 책을 덮고, 주변의 불안하고 불행한 친구에게 이 책을 줘라. 어쩌면 그 친구에게 당신이 행복을 선물한 것일 수도 있다.

물질은 풍요로운데 왜 나는 아직 부족하고 결핍되고 가난하며, 지식은 넘쳐나는데 왜 나는 현재가 불안하고 미래가 불확실하며 불행한 상태에 있는가? 이 책은 이런 고민을 하는 분들과 길을 찾는 책이다. 이 책은 바로 이 목적으로 써졌다. 그래서 이 책을 다 읽고 나눈 내용을 함께 실행할 때, 먼저 책을 덮은 분들보다 더 부유하고, 더 행복하게 살 수 있다면, 거기에 조금이라도 보탬이 된다면 나는 만족할 것이다.

부디 현재 어떤 벽에 막혀 앞으로 나아가지 못하는 수많은 사람들이, 자신의 경험을 무의식의 다락방에서 꺼내고, 그 보물들을 갈고닦아 빛나는 삶을 이루길 바라며 이 여정을 시작한다.

| 차례 |

chapter 04

당신을 이야기하라

chapter 05
당신이 겪은 모든 것이 돈이 된다

chapter 01

나의 존재를
규정하는 것

누구에게나 인권이 있는 것처럼 누구에게나 경험 주권도 있다. 경험은 자신만의 것이다. 한 사람의 죽음은 그가 경험한 세계가 사라지는 것이다. 똑같이 구축하거나 완벽하게 반복 재생할 수 없는 엄청난 경험의 세계가 증발하고 소멸해버리게 된다. 나만의 고유한 정보인 경험 세계가 사라지지 않게 하려면, 우리의 경험을 압축 요약해서 후대에 메시지를 남기고 전달해야 한다.

과거가
현재의 나를 만든다

청소년 시절 또는 대학 시절, 새로운 친구들과 만나 수다를 떨며 서로를 알아가던 추억은 누구에게나 있을 것이다. 술 한 잔, 두 잔 기울이며 동성이든 이성이든 어떤 친구에 대해 더 알고 싶다는 관심이 발동할 때, 우리는 '진실게임'이라는 것을 했다. 대체로 이런 질문들이다.

- 지금까지 살아오면서 가장 재미있었던 경험은 뭐야?
- 가장 즐겁고 행복했던 순간은 언제였어?
- 가장 어두웠던 경험은 언제 어떤 일이었니?
- 가장 따뜻했던 경험은? 반대로 가장 추웠던 경험은?

• 네 인생에서 가장 성취감을 느꼈던 사건은? 반대로 가장 좌절감을 느꼈던 일은?

누군가에 대해 알고 싶을 때 수많은 질문을 생각해 낼 수 있다. 그런데 질문의 취지와 의도는 대체로 그 사람의 경험을 묻고 있다는 점에서 일맥상통한다. 그 경험을 어떻게 느끼고 받아들였는지, 시간이 흘러 어떤 시점의 경험을 설명하는 당신이 그 경험을 어떻게 정리하고 있는지, 그 경험은 약점이 되었는지 강점이 되었는지에 대해 판단하려는 것이다.

나와 당신, 우리 스스로의 경험을 정리하고 재구성하기 위해서, 진실게임의 질문들은 유용하고 유효하다. 우리가 살아온 시공간 연대기 위에 그래픽으로 그것들을 표현하면, 그것이 우리의 경험의 총체인 라이프 스토리가 된다. 그러니 이 책을 본격적으로 시작하기 전에 위의 질문들을 자신에게 다시 던지고, 그 답을 곰곰 생각해서 정리해 보라.

진실게임이라는 흥미로운 놀이에서 '진실'이라는 말은 조금 애매모호하다. 우리가 확신할 수 있는 가장 확실한 '진실'은 나에게 일어나고 적용되는 진실뿐이고, 그 진실은 나의 '경험'을 통해서만 알 수 있다. 그런데 '경험'은 너무 흔히 듣는 표현이다. 그러니 식상해서 색

다르게 주목하기 어렵다. 하지만 한 번 대답해 보자. 경험이란 무엇인가? 당신은 이 흔해빠진 '경험'을 어떻게 규정하는가? 경험의 사전적 의미는 다음과 같으니, 굳이 검색할 필요는 없다.

경험

1. 자신이 실제로 해 보거나 겪어 봄. 또는 거기서 얻은 지식이나 기능

2. 객관적 대상에 대한 감각이나 지각 작용에 의하여 깨닫게 되는 내용

'경험'의 사전적 의미가 아니라 나에게, 지금, 여기서, 실제로 일어나는 경험에 집중하여 미시적이고 구체적인 경험을 실제로 해 보자. 여기에서부터 시작해 보면 쉽다.

경험을 시작하기 위해서는 매 순간 경험이 발생하는 최전선, 그 접점을 알아야 한다. 경험은 일차적으로 '나'의 안과 밖이 마주치는 지점에서 생겨난다. 지금 나의 몸을 인식해 보라. 어디서부터 '나'인가? 어디서부터 '내'가 아닌가? 먼저 나의 살갗, 피부를 기준으로 살펴보자. 내 몸을 감싸고 있는 피부의 안쪽은 어쨌든 내가 소유를 주

장할 수 있는 내 몸이고, 그 밖은 나 자신이 아닌 세상의 영역이다. 여기에 온갖 신경들이 집중되어 있다. 바로 감각이다.

감각은 느끼기 위한 장치이다. 감각은 경험 메커니즘의 센서 역할을 맡고 있다. 내가 세상과의 접점에서 경험하는 크고 작은 데이터를 수집하고 전달하고 저장하고 분석한다. 우리는 이 경험의 접점에 주목하고, 집중할 수 있어야 한다. 경험을 초기부터 정확하고 생생하게 느끼고 받아들여 싱싱하게 저장하고, 나중에 기억의 냉장고에서 꺼내어 맛깔나게 요리하기 위함이다.

경험은 사건이다. 역사적 경험이나 다수가 함께 동시에 겪는 집단경험이 아니라 나 개인의 희미하고 소소한 경험일지라도, 나에게 느껴지는 모든 경험, 파편화된 경험도 하나하나의 독립적인 사건이다. 앞으로 우리는 독립적인 경험을 서로 연결하고, 조각 경험을 거대한 그림으로 확장해 나가는 방법을 시도하게 될 것이다.

우리가 이제부터 다루고, 갈고닦으려는 경험들은 실험실의 무균 진공 상태에서 정밀하게 관찰되는 것이 아니고, 외부 변수들의 개입이 없는 무한의 허공에서 벌어지는 일들도 아니다. 어제와 오늘이 다르지 않은 듯한 일상의 시공간, 하지만 매 순간이 미세하게 달라지는 바로 이 세상에서 우리가 실제로 체험하는 사건들이다.

우리가 이런 경험으로 내 경험의 기사를 작성해서 누군가에게 송고할 수 있을 때, 그것을 점점 더 완결된 상태로 다듬고 업그레이드할 수 있고, 경험의 가치를 공유할 수 있도록 유지할 수 있다.

현재 나의 직업은 시사평론가이다. 여러 방송 프로그램에 평론가로 출연하면서 가장 많이 듣는 질문은 바로 이것이다.

"전에는 어떤 일을 하셨어요?"

이 질문은 호기심과 관심의 표현일 수도 있고, 불신의 표현일 수도 있다. 내가 누구인지, 어떤 경험의 과정을 통해서 이 자리에서 이 일을 하고 있는지 명료하게 알 수 있는 답을 해야 하는 일종의 시험이다.

처음 평론을 시작할 때는 비즈니스 현장을 뛰는 화이트칼라 직장인이었고, 사회문화현상에 대한 칼럼을 기고하는 칼럼니스트였다. 그때만 해도 평론가란 오피니언 리더로 공론에 참여하는, 명예롭고 우아하고 고상한 고급 취미 정도로 생각했다. 그런데 어느 시점이 되자 아예 직장을 그만두고 평론을 전업으로 하고 있는 자신을 발견했다. 쥐꼬리만 하던 수입도 점점 커지기 시작하더니, 프리랜서로 전전한 지 약 3년 만에 중견 벤처기업 임원으로 재직하던 때와 연 소득이 비슷해졌다. 5년이 지나자 직장에 남아 있었을 경우 받을 연봉 규

모를 많이 넘어서기 시작했다.

나는 수도권의 괜찮은 공과대학에서 기계공학을 전공했다. '괜찮은'이라는 표현은 나 스스로의 만족감과 타인의 시각에서 명문대는 아니라는 뉘앙스를 동시에 담고 있다. 방송가에는 엘리트가 많아서 SKY나 유학파 출신이 다수지만, 동창회 할 때 아니면 출신 대학은 그다지 중요하지 않다.

대학 3학년 때 입대를 했다. 공대를 다녔기 때문에 공군에 입대했고, 강릉에 있는 전투비행단 활주로 복판에서 근무했다. 미군 관점에서는 노후 전투기지만 우리나라에서는 공군 주력기였던 F-5를 정비했는데, 교과서로 배운 첨단 메커니즘에 대해 닦고 조이고 기름 치며 실제 기술 업무를 배울 수 있었다. 35개월 복무 기간 중 교련 혜택으로 감해진 3개월을 빼고는 32개월 동안 항공 테크놀로지와 함께했다. 징집제로 군 복무를 지겨워하는 청춘들이 많지만, 아침에는 경포대 일출을 보고 저녁에는 대관령 일몰을 보며 사색과 독서의 시간을 가질 수 있었던, 나에게는 의미 있는 시간이었다.

대학 졸업 후에는 제조업체에 엔지니어로 취업하여 사회에 첫발을 내디녔다. 이후 구로공단의 문구류 수출 대기업으로 이직하여 제품개발부서에서 일하면서, 사회 초년생 시기에 '현장'에 대한 다양한 경험을 습득할 수 있었다. 그런데 조직과 시장, 비즈니스를 재미

있게 배우며 직장 생활을 하다가, 문득 나는 제품이나 기술보다는 '사람'에 대해 관심이 있다는 것을 깨닫게 되었다.

　많은 고민 끝에 캠퍼스로 돌아가기로 결심하고 대학원에 진학을 했다. 사람 사이의 관계에 대해서는 사회학, 사람의 내면에 관해서는 심리학에 학문적 매력을 느꼈는데, 그중 사회학을 전공으로 택했다. 학우들은 나를 '전과자'라고 불렀다. 공대 출신이 사회학으로 전공을 바꾸었기 때문이다. 늦은 나이에 캠퍼스로 돌아왔기 때문에, 가정을 꾸려나갈 생계수단이 필요했다. 교수님의 배려로 낮에는 교양교육부 조교를 했고, 밤에는 입시학원에서 수학을 가르쳤다. 공대생이 흔히 취업하는 직장에서 과감하게 뛰쳐나와 새로운 길로 접어든, 어떻게 보면 혼란스러운 시기였다. 하지만 내 인생과 진로에 대해 많은 고민을 하면서 다양한 사고와 생각을 펼칠 수 있었던, 귀한 경험의 시간들이었다. 사회적으로 커다란 변혁이 시작된 시기이기도 했다. 사람들은 PC통신이라는 컴퓨터 네트워크를 통해 신문물과 신세계를 만나고, 세상은 인터넷 사이버스페이스 시대로 넘어가고 있었다. 바야흐로 디지털 황금기가 펼쳐지고 있었다.

　석사 학위를 마치고 국회 산하 연구재단에 선임연구원으로 취업했다. 국회 입법 속보와 지방의회 정보, 남북 경협 정보 등 세 가지 데이터베이스를 구축하고 업데이트하며 '대한민국 의정사'라는 사업의 정보제공 기관 프로젝트 매니저로 참여했다. 국회 연구원을 그만둔 후에는 도시빈민을 돕는 NGO에서 간사로 일했고, 1997년 31살이라는 젊은 나이로 벤처회사를 창업해서 대표이사 사장이 되었다.

눈치챘는지 모르겠지만 지금까지 언급한 직업 경로 중 평론가와 관련된 것은 하나도 없다. 엔지니어, 대학 조교, 학원 강사, 국회 선임연구원, 데이터베이스 기획자, 벤처기업 경영자가 되었고, 이후 실패한 사업가, 신용불량자, 기업체 교육 강사, 출판사 직원, 논술 교재 편역자, 디지털 비즈니스 전략 컨설턴트, 중견 벤처기업 임원을 거쳤다. 1992년부터 2012년까지 이토록 복잡하고 다양한 직업 경로를 거치고 나서야 비로소 현재의 직업인 평론가가 되었다.

그러나 20년의 경험을 돌이켜 보면, 내가 거쳐 온 숱한 직업은 세상의 다양한 현상과 사건을 분석하고 논하는 평론가가 되기 위한 직업학교의 현장실습이었다는 결론을 내리게 된다. 과거의 경험들이 현재의 나를 만들었고 나의 경험이 모이고 쌓여서 나라는 존재를 이루고 있다. 단언컨대 과거 내가 해온 경험이 현재 나의 존재를 규정한다.

내 삶의
경력자가 되어라

먹고사는데 경험이 필요할까? 당연히 필요하다. 우리는 흔히 '자식에게 물고기를 잡아주기보다는 물고기를 잡는 방법을 알려주라.'고 말한다. 이 또한 경험에 관한 이야기다. 물고기를 잡는 방법을 말이나 글로 가르치는 것이 아니라 직접 잡아보게 해야 하기 때문이다. 먹어봐야 고기 맛을 아는 것처럼, 직접 잡아봐야 물고기를 또 잡을 수 있다.

낚시가 취미라면 낚시도구를 장만해 저수지나 낚시터로 가서 슬슬 배워나갈 수 있지만, 그 정도로 돈을 벌 수는 없다. 물고기를 잡아서 먹고 살 만큼 돈을 벌려면 어떻게 해야 할까? 바다로 나가서 다

랑어나 오징어, 돔, 갈치 등을 대량으로 잡아야 한다. 문제는 투자가 필요하다는 것이다. 바다로 나가서 고기를 잡으려면 배가 있어야 하고 변화무쌍한 기상 상황에서도 살아서 돌아올 만큼 안전망도 갖추어야 하며 생존기술과 함께 조업에 관한 숙련도와 복잡성을 해결해야 한다. 이런 숙제를 해결하는 것은 초보가 혼자 해낼 수 있는 일이 아니고, 책을 읽고 이론을 안다고 되는 일도 아니다.

자, 그렇다면 한번 생각해 보자. 고기를 잡아서 먹고살아야 하는데, 생초보인 나는 어떻게 시작할 것인가? 이것이 우리 시대 청년층의 고민이다. 어떻게 시작해야 할까? 교육과정을 마치고 사회에 나오면 경제문제를 해결해야 한다. 취업을 해야 하는 것이다. 누구나 겪게 되는 일이지만 취업에는 두 개의 문이 있다. '신입'의 문과 '경력'의 문이다. 사회 초년생들은 모두 '신입'의 문을 통과해야 한다. 당연한 일이지만 '경력'이 없기 때문이다. '경력'은 '경험'과 같은 말이다.

경력

1. 여러 가지 일을 겪어 지내 옴

2. 겪어 지내 온 여러 가지 일

자, 이제 당신의 첫 경험을 떠올려 보라. 처음 스스로의 힘으로 돈을 벌어본 경험은 몇 살 때인가? 어떤 일을 하고 돈을 벌었는가? 많은 사람들이 아버지나 어머니의 심부름을 하고 심부름 값 받던 때로 거슬러 올라갔을 것이다. 세뱃돈을 떠올린 사람도 있겠지만, 세배를 일이라고 할 수는 없으니 빼기로 하자. 한 걸음 더 나아가 가족에게서 번 돈도 제외해 보자.

이 질문은 신입과 경력의 구분처럼 냉혹한 것이다. 자, 가족의 영역을 벗어나 시장의 영역에서 처음 돈을 벌어본 경험이 있는가? 있다면 그 경험을 떠올리고 그때의 상황을 정리해 보자.

내가 처음으로 돈벌이를 시도했던 것은 초등학생 때였다. 고학년이 되자 자전거 한 대를 밑천으로 신문배달이나 우유배달을 하려고 보급소를 찾아갔다. 그런데 잠깐 하다가 그만두면 혼쭐이 날 것 같은 분위기여서 포기하고 말았다. 스스로의 노동으로 실제로 돈을 번 것은 대학생이 된 후였다. 대학시절에는 늘 돈이 필요했다. 밥도 사 먹어야 하고, 책도 사야 하고, 영화도 봐야 하고, 카페도 가야 하고, 데이트도 해야 하고, 친구들과 술 마시며 시국과 인생을 논하기도 해야 했다.

그렇다고 부모님께 손을 벌릴 수는 없지 않은가. 그래서 찾아간 곳이 삼청동 언덕 건물 1층에 있는 세차장이었다. 자동차 경정비를 하며 차를 닦고 왁스칠도 하고 광택도 내주는 곳이었다. 단골손님들은 언덕 너머 성북동에서 찾아오는 외교관이나 평창동 부유층 손님이 많아 외제 고급차들이 많았다. 당시 나는 공대생으로 학교에서 내연기관과 자동차 공학에 대해 배웠지만 자동차에 대해서는 아무런 관심도 없었다. 공군으로 복무하며 밀덕(밀리터리 덕후) 기질을 발휘해 항공기에 대한 관심을 불태웠고, 바다를 항해하는 선박에 대한 관심도 컸지만, 육상에서 탈 것에 대해서는 시큰둥했던 것이다.

그런데 아르바이트를 하던 세차장에서 어떤 정비사를 만나면서 자동차에 대한 관심이 생겼다. 그는 나보다 몇 살 많은 잘생긴 청년이었다. 곱슬머리에 콧수염이 있었는데, 어딘가 록 밴드 '퀸'의 프레디 머큐리를 연상하게 했다. 그는 청각장애인이었고 말도 하지 못했다. 하지만 자동차 정비를 잘 했다. 일반적으로 자동차 정비사들은 차를 조율하고 엔진 시동을 걸어 엔진 소리를 들으며 상태를 점검한다.

엔진 소리를 들을 수 없는 그는 자신만의 노하우가 있었다. 그는 정비가 끝난 차의 보닛을 열고, 시동을 건 채 손가락을 엔진에 대고 지그시 눈을 감고 있곤 했다. 처음에는 왜 그런지 몰랐지만 오래지 않아 알 수 있었다. 손끝의 감각을 통해 엔진의 진동을 느끼는 것이었다. 청각 대신 촉각을 통해 차의 상태를 파악하는 경험적 노하우였다.

나는 그 모습을 보면서 감동했고 우리는 친해졌다. 그는 형처럼 잘해주면서, 자신만의 기술적 자부심을 가지고 자동차 구조와 정비에 대해 이것저것 알려주었다. 그는 말을 하지 못했고, 나는 수화를 못했지만, 짧은 소리와 동작으로 다양한 의사소통을 할 수 있었다.

그런데 어느 날 예기치 못한 사고가 터졌다. 국내에서 보기 드문 슈퍼 카를 정비한 그는 신이 나서 나를 불렀다. 시운전을 할 테니 조수석에 타라는 것이었다. 그리고 라디오 볼륨을 올리고 음악을 크게 틀었다. 그는 음악도 스피커를 때리는 진동으로 느꼈다. 그는 알아들을 수 없는 그만의 소리를 내면서 노래를 불렀다. 삼청동 언덕길을 신나게 내달리던 차는 어느 순간 옆길 대학 후문에서 튀어나온 차와 충돌하고 말았다. 멍하게 있던 나는 시간이 조금 흐르고서야 큰일이 났다는 것을 알았다.

이 사건으로 그는 세차장을 그만두었고 다시는 볼 수 없었다. 나도 그 여름이 지나고 복학했고 세차장 아르바이트도 그만두었다. 사고 때문에 알게 된 사실은 슬픈 현실이었다. 그는 자격증이 없는 무자격 정비사인데다가 운전면허도 없었다. 종업원이 타인의 차를 무면허로 운전하다 사고가 났으니, 세차장 주인은 꼼짝없이 사고가 난 두 차량의 보상을 해주어야 했다. 그의 실력에도 불구하고 막상 사고가 나자 '무자격 정비사가 무면허 운전을 하다 낸 사고'라는 객관적인 결과만 남은 것이다. 사회가 인정하는 행정적 절차를 갖추지 않은 것은 그의 직업 세계에서 치명적인 것이었고, 그의 경력까지 파탄 나고 말았다.

이 경험은 나를 한동안 경력과 비경력의 경계에 대해 고민하게 만들었다. 그 이후에도 다양한 경험을 통해서 여러 분야에 재야의 숨은 고수들이 많다는 것을 알게 되었다. 중요한 것은 신입에서 경력으로 가는 길에는 반드시 통과해야만 하는 '문'이 있다는 것이었다. 내 가치를 제대로 증명하려면 그 문을 통과해야 한다. 교통경찰이 제지한 순간, 아무리 운전을 잘 해도 운전면허증이 없다면 범법자 이상도 이하도 아니다. 그것이 사회이고 '문'을 통과해서 경력자가 되어야 하는 이유다.

엘리베이터가 아닌
계단처럼

'경력자와 비경력자'와 '경험자와 비경험자'는 동어반복 같지만 약간의 차이가 있다. 경력과 비경력은 행정적으로 공식적 기록과 자격을 입증할 수 있느냐 하는 '형식'의 차원이고, 경험자와 비경험자는 형식적 절차보다는 실질적 내용을 따지는 것이다. 이제 경험의 내용을 한번 이야기해 보자.

먼저 내가 너무나 좋아하는 영화 '허드서커 대리인'을 소개한다. 이 영화는 지난 20여 년 동안 내가 한 대부분의 강의에서 언급한 작품으로, 학생들과 함께 보고 감상을 공유했던 주요 소재이기도 하다. '허드서커 대리인'은 미국의 형제 영화감독으로 유명한 '코엔 형제' 중 형인 조엘 코엔(Joel Coen) 감독의 영화다. 주연은 '쇼생크 탈출'에 나왔던 팀 로빈스이고, 악역으로 등장하는 조연은 명배우 폴 뉴먼이다. 혹여 이 영화를 직접 보고 싶다면 한 페이지 정도 건너뛰어도 좋다. 스포일러로 가득 차 있기 때문이다.

주인공 반스는 지방대 경영학부를 갓 졸업한 청년으로 직업을 구하기 위해 도시로 온다. 야망에 가득 찬 그는 직업소개소를 찾아가고 신문 구인란을 모두 훑어보지만 곧 의기소침 해진다. 모든 구인란은 'Experienced' 즉 '경력자'만을 원하고 있었기 때문이다. 해당 분야의 유경험자들만 문을 두드릴 수 있었다.

그런데 딱 한 곳, 허드서커 기업만 '경력자' 요건이 없었다. 반스는 달려가서 취업에 성공한다. 지하실에서 엄청나게 몰려오는 우편물을 분류하고 각 부서와 직원들에게 배송하는 일이었다.

그런데 반스가 허드서커 빌딩에 들어서는 순간, 빌딩 꼭대기 회의실에서 한 남자가 투신을 한다. 창업주인 허드서커 회장이 임원 회의 도중에 창문으로 뛰어내리는 극단적인 선택을 한 것이다. 그 모습을 목격한 임원들은 회장이 자살한 이유를 도무지 알 수가 없다. 회사는 아주 잘 돌아가고 있고 최대 매출, 최고

수익을 내고 있으며 주가도 꾸준한 상승세를 보이고 있었기 때문이다.

임원들은 회장의 죽음보다 자신들의 앞날을 걱정한다. 유언장에 따르면 회장의 기업 지분은 주식시장에 공개 매각하도록 되어 있다. 머스버거 이사가 약삭빠르게 한 가지 음모를 제안한다. 아주 멍청한 인물을 경영자로 뽑자는 것이었다. 그가 실수를 연발해서 언론에 대서특필 되면 주가가 폭락할 테니, 그때 임원들이 지분을 인수해서 회사를 차지하자는 계획이다. 임원들이 동의한다.

한편 처음 출근한 반스에게 '블루 레터'를 최고층 임원실에 전하라는 임무가 주어진다. 나쁜 소식이 담기는 블루 레터를 받은 임원이 좋아할 리 없으니, 첫 출근한 반스 입장에서는 커다란 시련이 닥친 셈이었다. 작업복 차림의 반스가 엘리베이터에 타자, 블루 레터를 본 엘리베이터 보이는 혼비백산하여 최고층까지 논스톱으로 올려다 준다.

임원실에서 머스버거를 만난 반스는 블루 레터를 전달하는 것은 깜박하고 자신의 아이디어를 설명하기 시작한다. 혁신적인 신제품 설계도라며 구두 속에서 꼬깃꼬깃한 종이 한 장을 꺼내 펼쳐 드는데, 그 종이에는 동그라미 하나만 달랑 그려져 있었다. 머스버거 이

사가 가만히 보니 이 신입사원은 멍청하기 이를 데 없어 보였다. 그리하여 반스는 입사한 지 며칠 지나기도 전에 회사의 사장이 된다. 그는 언론에 인생역전의 기회를 잡은 행운아로 대서특필 된다.

그런데 그의 아이디어였던 그 동그란 제품은 무엇이었을까? 바로 우리가 잘 알고 있는 홀라후프였다. 허드서커 사는 신임 사장의 엉뚱해 보이는 아이디어를 승인한다. 막대한 투자와 연구개발을 통해 생산라인을 세우고 대량 생산한 제품을 전국의 학교 앞 문구점마다 유통한다. 그러나 놀이기구인지 운동기구인지 헷갈리는 이 새로운 물건은 전혀 팔리지 않는다. 재고는 쌓이고 머스버거 일당의 계획대로 허드서커 사의 주가는 폭락하기 시작한다.

그런데 어느 날부터 홀라후프가 팔려나가기 시작한다. 먼저 어린이들에게 인기를 끌더니 어른들에게까지 선풍적으로 유행을 타기 시작한 것이다. 가정에서는 물론 파티장과 길거리에서도 홀라후프가 새로운 문화의 상징처럼 돌고 또 돈다. 급기야 미국 대통령이 반스 사장에게 전화를 걸어 축하를 하기에 이른다. 반스는 벼락출세에 이어 사업에서까지 큰 성공을 거두게 된다.

하지만 홀라후프는 먹는 것이 아니고 쓰면 닳는 것도 아니기 때문에 매출 증대에 한계가 있었고, 반스는 후속타를 터뜨리지 못한다. 그는 슬럼프에 빠진다. 그에 관한 스캔들이 돌고, 심지어 홀라후프 아이디어가 엘리베이터 보이의 것을 훔친 것이라는 말도 안 되는 이야기까지 언론에 오르내린다. 당연히 회사 경영은 나빠지고 궁지에 몰린 반스는 허드서커 빌딩 꼭대기에 서서 길바닥을 내려다본다. 다음 결말은 동화적 판타지로 마무리되기에 독자의 상상에 맡긴다.

영화 이야기를 이렇게 길게 늘어놓은 이유는 간단하다. 내 인생 영화라고 생각할 만큼 영화 속 이야기와 나의 직업 경험과 느낌이 겹치기 때문이다. 직장인을 위한 비즈니스 동화 같은 이 영화의 스토리는 인생과 직업 경험에 대해 굉장히 상징적인 교훈들을 담고 있다.

내가 공과대학을 졸업하고 생산 현장에 취업한 시기는 지금과 달리 사회 초년생들에게 취업문이 제법 활짝 열려 있었다. 예나 지금이나 인기 좋은 대기업에 취업하기는 어렵지만, 중견기업과 가동률 높은 중소기업은 사원들을 많이 뽑았다. 하지만 그때도 이공계에 비해 문과 취업은 어렵다는 보도가 많았고 실제로 그랬다. 그런데 나는 엔지니어로 일하던 직장을 그만두고 문과 대학원으로 진학을 했다. 2~3년 동안 잘 쌓아나가던 경력을 휴지처럼 버리고, 대도시를 생활을 등지고 지방 소도시로 간 것이다.

서른 즈음의 나이에 이런 결정을 한 것에 대해서 당시 나의 주변에서는 걱정을 많이 했다. 그런데 어쩌겠는가? 사람은 하고 싶은 것을 하게 마련이다. 그것을 막아봐야 시간과 에너지만 낭비하는 경우가 많다.

남들과 다른 길을 걷는 데에는 대가가 따른다. 많은 사람들이 걸어가는 탄탄대로를 두고 샛길로 접어들면, 없는 길을 만들어야 하기 때문에 지도 없이 방황하며 시행착오를 거쳐 자신만의 도로를 뚫어야 한다. 특히 사회생활에서 타인들이 모두 걷는 관행의 길에서 벗어날 경우 더욱 외롭고 힘들기 때문에 새로운 경험을 각오하고 즐길 의지력이 필요하다. 자신의 판단과 느낌을 믿고 마음 속 나침반을 따라 막막해도 걷고 또 걸어야 하는 것이다.

자, 그렇다면 '허드서커 대리인'과 나의 직업 경험은 어떤 공통점이 있을까? 영화 이야기 도입부에서 등장했던 엘리베이터에 주목해 보자. 인생의 단계마다, 조직에서든 시장에서든 단계마다 거치고 습득해야 하는 경험들이 있다. 초고속 상승으로 그것을 뛰어 넘었을 때는 반드시 치러야 할 대가가 있는 법이다.

반스가 초고속으로 밑바닥에서 최고층을 향해 치솟는 엘리베이터를 탄 것처럼, 30대 초반 연구기관에서 선임연구원으로 일하던 나 역시 창업 후 대표이사가 되었다. 일반 대리에서 사장으로 초고속 엘리베이터를 탄 셈이었다.

주거래 은행은 32살의 거래회사 사장을 인정해주지 않았다. 대출 상담을 할 때 지점장이 만나주기는커녕 대리도 제대로 상대해 주지 않았다. 그러더니 법인 계좌에 수십 억대 매출이 입금되자 대우가 확연하게 달라졌다. 덕분에 나는 주변 관계의 주(main)와 부(sub)가 역전되고 갑과 을이 전환되는 터닝 포인트의 경험을 적나라하게 할 수 있었다.

이 영화는 급격한 상승과 그로 인한 사회적 현기증, 그리고 추락, 다시 극복이라는 스토리라인을 갖는다. 한 마디로 롤러코스터 인생이다. 사실 우리의 삶이 그렇다. 허드서커 빌딩에서 일어나는 일들은 나만이 아니라 바로 당신, 여러분, 우리 모두의 이야기다.

인생은 직선 코스가 아니라 꺾어지고 휘어져 앞을 내다볼 수 없는 에스(S)자 코스다. 대부분의 사람들이 인생에서 상승과 추락을 경험하게 되는데, 상승의 경험과 추락의 경험에서 중요한 것은 차차 살펴보기로 하자.

오늘 하루도
짧은 여행이다

우리가 새로운 것을 경험할 수 있는 무대는 우리가 갈 수 있는 모든 곳이다. 우리에게 허용되고 열려있는 세계는 지구의 공간적 범위와 같으며 그 범위는 과학의 발달과 함께 점점 넓어지고 있다. 아마존 창업자 제프 베이조스, 테슬라 창업자 일론 머스크, 버진그룹 회장인 리처드 브랜슨 등 억만장자들이 값비싼 도전과 시도를 하고 있으며, 우리가 나아갈 수 있는 공간은 우주로 확대되고 있다. 지금은 소수의 사람에게만 가능하지만 미래에는 더 많은 사람들이 지구 밖 우주를 경험할 것이다.

우리가 경험하도록 허락된 시간은 공간에 비해 제한적이다. 우리가 살아있는 동안으로 한정되어 있기 때문이다. 살아있는 동안에도 우리의 경험은 시간적·경제적 자유를 가지고 스스로 의사결정하고 행동할 수 있는 시간으로 축소된다. 왜 시간이 공간보다 더 제한적일까? 시간과 공간은 물리적으로 서로 치환할 수 없기 때문에 등가 비교를 할 수 없지만, 주어진 시간 동안 모든 곳을 다 찾아가기에는 우리의 생이 짧다는 것이 가장 큰 원인이다. 인간에게 주어진 시간은 그다지 길지 않다. 흔히 볼 수 있는 고목이나 아름드리 소나무들을 생각해 보라. 수백 년 동안 인간을 지켜본 나무들이 얼마나 많은가?

이렇게 제한된 시공간에서 우리가 확보한 경험은 무엇과도 바꿀 수 없는 귀한 자산이다. 앞으로 살아갈 인생을 풍요롭게 해줄 소중한 종잣돈인 것이다. 인생의 종잣돈을 잃어버리지 않기 위해서는 기록해야 한다. 역사 연대표처럼 나의 경험 연대기를 기록해 보자.

현실의 시공간에 지금까지 확보한 경험의 좌표를 찍어 보는 '나의 경험 연대기'의 작성은 자신의 경험을 기록하고 정리하는 작업이다. 많은 사람들이 노트나 컴퓨터, SNS 계정 등에 나름대로 일상을 기록하고 있을 것이다. 이 작업은 나만의 경험 지도를 만드는 기초 자료가 된다. 이런 기록을 해오지 않은 사람이라면 지금부터 간략하게라도 한번 정리해 보자.

지금은 누구나 여권만 발급받으면 해외여행을 할 수 있지만, 1988 서울 올림픽을 개최할 때만 해도 외국에 나갈 수 있는 사람들은 극히 소수였다. 관광 목적의 여권을 발급받을 수 없었고, 출국을 위해서는 여권을 매번 새로 발급받아야 했다. 지금처럼 해외여행이 자유화된 것은 1989년부터다. 내가 군 복무를 하고 있을 때 해외여행이 자유화되었고, 그때부터 대학생들의 꿈은 해외 배낭여행이었다.

나도 전역하면 유럽으로 배낭여행을 떠나려고 호기롭게 계획을 세웠지만, 시간과 경비를 마련하는 일은 호락호락하지 않았다. 여행 비용을 마련하려고 세차장 아르바이트까지 했지만, 앞서 말한 것처럼 슬픈 결말로 끝나고 말았다. 결국 나의 첫 해외여행은 1992년 태국의 방콕과 파타야로 간 신혼여행이었다.

시간이 꽤 흐른 후 1998년부터 2002년까지 비즈니스 목적으로 많은 나라를 돌아다녔다. 해외시장을 개척하고 투자를 유치하고 글로벌 협업 네트워크를 구축하기 위해서였다. 중국 베이징과 일본 도쿄는 지사를 설립하고 매달 출장을 다녀야 했다. 미국은 동부와 서부를 가리지 않고 매년 다녀왔고, 베트남의 하노이와 호찌민도 자주 방문했다. 하롱베이의 정크선에서는 꿈 같은 휴식의 시간을 보내기도 했다.

유럽의 이탈리아, 스위스, 프랑스, 모나코, 영국, 독일 등 10여 개

나라를 방문하고 지구촌을 무대로 비즈니스를 했다. 하지만 2003년 사업을 정리하고 나자 상황은 급변했다. 경제적 바닥 생활에 직면하게 되었고, 해외여행은 언감생심이어서 내 경험의 무대도 국내로 한정되었다.

평론가로 전업한 후 자리를 잡고 안정적으로 성과가 나오면서 다시 물질적, 심리적 여유가 생겼다. 어느새 자란 아이들과 여행 경험을 공유하고 싶다는 생각이 강해졌다. 2018년부터 여유롭게 여행을 할 수 있게 되자 스페인의 마드리드와 바르셀로나부터 방문하기 시작했다. 영국의 런던, 리버풀, 에든버러와 하와이 등 매년 가족 여행을 하려고 노력 중이었는데 2020년 코로나19 팬데믹으로 휴지기를 가질 수밖에 없는 상황이 되었다. 이 모든 해외여행 경험은 나에게 일지로 남아있고 그것은 나의 소중한 재산이다.

나의 간략한 해외여행 일지를 예로 들었지만, 국내 여행을 포함하면 경험의 내용은 더 많고 풍부해진다. 여행 자체가 목적이 아니어도 좋다. 하루 24시간 동안 집을 나가서 여러 가지 일들을 겪고 다시 집으로 돌아오는 일상의 경험을 짧은 여행이라고 생각한다면 일지의 내용은 더욱 풍부해질 것이다. 그것이 반복적인 것이든 매일매일 새로운 상황과 직면하는 것이든, 특별한 어떤 날이든, 그것은 중요하지 않다. 나만의 경험이 기록으로 남는다는 사실이 중요하다.

　　여러분은 묻고 싶을 것이다. "그러니까 일기를 쓰라는 것이군요?" 그렇다. 일기를 쓴다고 생각해도 좋다. 어린 시절부터 우리에게 익숙한 일기장이 남아있다면 한번 펼쳐보라. 까맣게 잊고 있던 어린 시절의 어느 하루가 생생하게 떠오를 것이다. 어떤 사건, 만난 사람, 관심있는 사물에 대해 정리하고 그것에 대한 우리의 느낌과 생각을 정리해 둔 기억의 저장고가 바로 일기다. 그래서 일기를 '경험 일지'라 불러도 무방하다.

　　이 경험의 좌표, 기록, 일지를 중심으로 우리의 경험 지도를 그려나가야 한다. 그 형식은 사실 중요하지 않다. 일기장이 아니라 수첩, 메모, 스케치북, SNS 등 어떤 방식이든 자신이 지속할 수 있는 방법이면 족하다. 내용의 많고 적음도 중요하지 않다. 나중에 들여다봤을 때 그 경험을 다시 떠올릴 수 있으면 족하다. 하루에 키워드 하나만 적어도 상관없는 것이다.

경험의 하이라이트는
바로 감동이다

감히 단정하자면 우리는 경험을 통해서 존재한다. 우리는 경험하기 위해 태어났고 경험하기 위해 살아가며, 우리는 경험을 통해서만 변화한다. 우리의 삶은 거대한 경험의 덩어리다. 경험의 시간과 공간은 측정할 수 있고 좌표를 찍을 수 있는 정량적 지표인 반면, 경험의 질적인 측면은 객관화가 어렵다. 하지만 경험의 양과 질도 따져 볼 수 있어야 경험의 균형을 찾고, 비어 있는 구석을 찾아 채워 나갈 수도 있을 것이다.

자신만의 경험 지도를 만드는 표준화된 방식은 없다. 저마다 자신의 주관과 선호 스타일을 찾아 정리하고 축적하면 된다. 나중에 그 데이터를 분석하고 활용하여 가치를 창출하고 자산으로 전환시킬 수만 있다면 훌륭한 활용 사례이다. 경험을 다루는 방식은 각기 달라도 핵심적 방법론은 단순하고 공통적일 수밖에 없는데, 그것은 늘 경험의 본질이 무엇인가 하는 질문으로 회귀한다.

다시 경험 지도로 돌아가 보자. 모년 모월 모일에 나는 해외 어느 나라, 어느 도시를 여행 중이었다. 하나의 좌표로 여행 경험의 기록을 추가했고, 멋있는 배경으로 예쁜 사진들을 찍어 SNS에 포스팅했다. 그랬더니 많은 사람들이 '좋아요'를 눌렀다. 내 경험이 많은 사람들에게 인정받았으니, 이것으로 만족해도 될까?

미안하지만, 경험의 본질 따위에는 관심이 없고 '나는 나를 셀럽으로 포장해서 많은 사람들의 관심을 끌어 유명세를 타고, 온라인 스타가 되어 지상파 방송에도 진출하고, 돈을 많이 벌 거야!' 라고 생각하는 독자들이라면 이 책을 접는 편이 낫다. 이 책에서는 그런 테크닉과 스킬을 찾아볼 수 없기 때문이다.

결국은 돈 버는 일과 경험이 연결되지만 우리는 경험의 본질에서 시작해야 한다. 그것은 '감동'이다. 경험을 통해서 깨달아야 하는 것, 경험의 정수는 바로 '감동'에 있다.

감동의 사전적 의미는 '크게 느끼어 마음이 움직이는 것'이다. 우리의 경험 지도에는 어느 곳에서 누구와 어떠한 경험을 했든, '크게 느끼어 마음이 움직인' 경우가 많이 들어있어야 한다. 이것이 경험의 '깊이'다. 이 경험은 우리를 크고 작게 변화시키거나, 성숙시키고 진화시키거나, 파괴하고 퇴행시킬 수도 있다.

우리는 흔히 감동은 좋은 경험을 뜻하는 좁은 의미로 해석하는 경향이 있다. 그러나 '크게 느끼고 마음이 움직이는 일'은 기쁨, 희열, 즐거움, 성취, 사랑, 우애, 연대감처럼 좋은 일에만 적용되는 경험이 아니다. 슬픔, 아픔, 고통, 좌절, 절망, 배신, 분노, 스트레스 등을 통해서도 '크게 느끼어 마음이 움직이는' 경험을 하게 되는 것이 인생이다.

뉴욕과 관련된 두 가지 개인적인 경험 사례를 소개한다. 슬픔의 감동이 강하게 나를 때렸던 경험부터 시작해 보기로 하자. 내가 뉴욕에 처음 간 것은 1998년으로, 벤처기업을 경영하던 초급 CEO 시절이었다. 1997년 창업하여 6개월 만에 IMF와 맞닥뜨린 후 1년 가까이 악전고투를 벌이던 중, DJ 정부가 들어서면서 코스닥 개장과 함께 벤처 열풍이 시작되었다. 그래서 그해 가을에 라스베이거스에서 열린 컴덱스 쇼 참관단으로 비즈니스 투어를 갔다가, 내친김에 뉴욕 나스닥까지 공부하려고 갔던 출장이었다. 여행은 순조로웠고, 의외의 만남들이 이어지고 있었다.

그런데 뉴욕에서 마지막 일정을 소화하던 어느 날 밤, 호텔 방으로 전화가 걸려왔다. 서울 집에서 아버지가 해온 연락으로, 할머니가 돌아가셨다는 부고였다. 맏손자를 너무나 사랑해 주신 할머니였다. 할머니는 구한말인 1902년에 출생하여 1998년까지, 대한제국, 일제강점기, 해방, 한국 전쟁을 모두 겪으셨다. 고향은 평양으로, 이북에서 살다가 월남하셨다. 격동기에 오직 가족만 끌어안고 돌보면서, 전형적인 조선의 딸, 며느리, 어머니, 할머니로 살아오신 분이다. 내가 떠나올 때까지만 해도 건강하셨는데, 갑자기 건강이 악화되어 병원 입원 후 곧 돌아가셨다고 했다. 아버지는 장례 걱정은 하지 말고, 일정을 모두 마치고 귀국하라고 하셨다.

통화 후 답답해진 나는 호텔을 벗어나 브로드웨이 거리로 나섰다. 미국 대도시의 밤거리를 혼자 다니면 위험하다는 이야기를 누누이 들었지만, 뉴욕의 새벽 거리는 조용했다. 빌딩 구석에는 홈리스들이 잠들어 있었는데, 자본주의의 풍요가 넘치는 강대국에 이렇게 집 없는 이들이 많다는 사실이 아이러니했다.

멀지 않은 모퉁이에 석조건물 교회가 눈에 띄었다. 할머니는 고난의 삶을 신앙에 의지해 살아온 분이었다. 교회의 울타리 철창은 잠겨 있었지만, 마당에 성모 마리아와 아기 예수의 성상이 보였다. 나는 철창에 매달려 할머니의 명복을 비는 기도를 올렸다. 할머니 생전 모습을 떠올리니 눈물이 줄줄 흘렀고, 나도 모르게 할머니, 할머니를 외치고 있었다. 낯선 뉴욕 거리에 울리던 '할머니'라는 나의 목소리는 묘한 뉘앙스로 내 귀로 돌아왔다. 그 이후 뉴욕의 그 모퉁이 교회는 늘 할머니를 떠올리고 추모하는 특별한 공간이 되었다. 사랑하는 분을 잃은 슬픔이 머나먼 거리의 공간에 담긴 셈이다.

두 번째 경험 역시 기쁘거나 행복한 것은 아니다. 2001년 여름의 끝자락인 8월 마지막 주간에, 나는 뉴욕을 방문하고 있었다. 바야흐로 IT와 벤처의 시대였고, 사업은 잘 돌아가고 있었다. 국내 대기업 금융사 클라이언트를 이끌고, 미국 금융기업들이 사업을 어떻게 온라인으로 전환하고 있는지 참관과 미팅을 이어가는 비즈니스 투어였다. 은행, 보험사 등이 결합하면서 전통적 은행업과 보험업을 원스톱으로 다루는 방카슈랑스가 등장했고, 인터넷 마케팅, 온라인 서비스가 발전하고 있었다.

일정을 짜던 중 운 좋게 세계무역센터협회(World trade center association)에 있는 한국인 출신 부총재 이희돈 박사와 연결되었다. 그는 쾌히 미팅을 수락했고, 방문 당일 미국 재무장관을 역임한 세계무역센터협회 토즐리 총재와의 미팅까지 주선해 주었다. 우리 일행은 세계무역센터협회 77층에 위치한 총재실에서 온라인 공간과 금융 서비스, 나아가 국제 교역의 미래까지 토론하며 신기술이 어떻게 전통적 시장과 거래, 사업을 변화 시킬지 유익하고 즐거운 티타임을 마쳤다. 출장은 성공적이었고, 나는 9월 초 귀국했다.

그리고 약 열흘 후, 이슬람 극단주의 테러조직이 민항기를 하이재킹한 후 세계무역센터 건물로 돌진했다. 항공기는 불과 열흘 전에 우리가 시간을 보냈던 77층과 78층을 정확히 들이받으며 폭발했다. 이 테러로 1977년도 괴수영화 '킹콩'에서 킹콩이 엠파이어스테이트 빌딩 대신 올랐던 월드트레이드센터 트윈 빌딩이 완전히 파괴되면서 3,000명 가까운 희생자가 발생했다.

당일 오전 내내 속보가 나왔는데 뜻밖에도 실종자 명단에 이희돈 부총재 이름이 떴다. 얼마나 놀라고 충격을 받았는지 모른다. 나중에 확인된 바에 의하면, 그는 당일 출근 예정이었으나 워싱턴 D.C에서 늦게 출발하는 바람에 생존했다. 열흘의 시간차가 짧다면 짧고 길다면 길겠으나, 당시 나에게 9·11 뉴욕 테러의 공간은 남의 일이 아니었다. 이후 대형 폭발사고가 발생한 바로 그 자리가 그라운드 제로로 추모공원이 되었고, 20년이 지난 2020년에 이희돈 부총재의 별세 소식이 들려왔다. 20년의 세월을 건너 그의 명복을 빌었고, 이듬해 9·11 테러 20주기를 맞으면서 다시 그때의 시공간이 특별하게 떠오르는 경험을 했다.

위에서 든 사례들은 분명 기쁘고 즐거운 감동의 경험은 아니다. 뉴욕이라는 특정 공간과 관련하여 특별한 시점에 느꼈던 슬픔, 상실감, 경악, 공포, 두려움, 분노, 전율이라는 감동에 해당하는 극단적 경험의 예다.

이처럼 경험의 깊이는 개인마다 고유하고 특별한 것이며, 감동의 강도 혹은 경험의 질이라고 말할 수도 있다. 반면 경험의 넓이는 '어떤 경험이 얼마나 다양한 변수가 복잡하게 연결되어 있는가?'와 '얼마나 많은 경험 참여자가 공감으로 연결되어 있는가?' 하는 것이다. 예를 들어 한국인에게는 2002년 한일 월드컵 4강 신화에 열광했던 붉은 악마 응원전 체험 같은 것이다. 온 국민이 거리로 쏟아져 나와 집집마다 혹은 가게마다 모여서 응원전을 펼쳤던 특별한 경험이다.

그런데 스포츠에 무관심한 사람이 "그때 그런 일이 있었나?" 또는 "나에게는 2002년 월드컵이, 사람들이 온통 축구 얘기만 하는 바람에 소외감 느껴지던 시절이었어." 라는 경험을 이야기한다면, 이 또한 색다른 색깔을 갖는 마이너리티 리포트로 가치가 있다.

간접 경험의
가성비를 높여라

이 책에서 언급하는 경험은 대부분 '직접 경험'을 말하는 것으로, 겪어서 느끼고 깨달은 자기만의 체험을 다루고 있다. 하지만 간접 경험도 직접 경험 못지않게 우리의 머릿속에 각인되는 효과를 낼 수 있다. 타인의 경험을 어떤 방식으로든 전달받았을 때 그의 경험에 집중과 몰입, 공감과 공조되는 정도가 높으면 간접 경험도 직접 경험과 크게 다르지 않다.

간접 경험도 많이 하면 훈련을 받은 것처럼 숙련이 되어 마치 직접 경험처럼 생생하게 경험을 흡수할 수 있다. 디지털 정보의 홍수 속에서 간접 경험의 기회는 엄청나게 확대된다. 직접 경험이 부족한

무경력자와 비경험자들이 경험을 쌓는데 중요한 토대가 되어, 정보 네트워크를 활용하는 골방 속 관심 분야 연구자들이 등장하는 시대가 된 것이다.

물론 과거에도 인류의 지식이 집대성된 기록 자료들, 서적과 교재, 간행물, 논문 등이 존재해 왔다. 하지만 멀티미디어 콘텐츠가 네트워크를 통해 쏟아지는 현대는 단순히 지식과 정보를 읽거나 듣고 암기하던 과거에 비해 영상물, 특히 3D, 4D, AR(증강현실), VR(가상현실), 시뮬레이션 게임, 네트워크 게임, 각종 온라인 플랫폼, 메타버스 등을 통해 직접 경험과 간접 경험의 경계가 해체되고 있는 것이 현실이다.

간단한 실생활의 예를 들어보자. 10여 년 전만 해도 출근을 위한 여름 와이셔츠가 필요하면 주말에 시간을 내서 백화점이나 마트로 쇼핑을 가야 했다. 미리 계획을 세우고, 적어도 두어 시간을 써야 했다. 모처럼 쇼핑을 가면 더 필요한 것은 없나 싶어서 추가적인 구매 물품 리스트를 작성하고, 매장에서 충동구매도 하는 바람에 지출은 늘어나기 마련이었다.

하지만 지금은 쇼핑을 하기 위해 짬을 내서 직접 나갈 필요가 없다. 점심 식사 후 카페에 앉아 커피 한 잔 마시면서 스마트폰이나 태블릿을 통해 온라인 쇼핑몰에 들어가 와이셔츠를 검색하고, 적당한 디자인과 적당한 품질, 적당한 가격의 물건을 클릭 몇 번으로 구매한다. 5분 내지 10분이면 충분하다. 쇼핑할 시간에 쉬거나 놀거나 일하고 있으면 와이셔츠는 집으로 배달된다. 반품이나 교환같은 AS도 대체로 만족스러워서, 문제가 있거나 마음에 안 들 경우 교환버튼만 클릭하면 택배기사들이 와서 배달했던 물건을 가져간다.

그렇다면 의류뿐만 아니라 각종 먹거리를 비롯하여 생필품, 도서, 가구, 장식품, 사치품 등에 적용하는 온라인 쇼핑하기, 오프라인 배송으로 물건 받기, 언박싱의 즐거움, 사용하기의 과정은 직접 경험일까, 간접 경험일까?

과거 방식처럼 매장을 방문해서 상품을 확인하고 입어보는 것이 아니라 모니터를 들여다보며 디지털 정보를 보고 골랐으니 온라인 쇼핑은 간접 경험이라고 생각할 수도 있겠지만, 어쨌든 내가 선택했고, 무엇보다 내 계좌에서 다양한 지불 방식으로 돈이 나갔다. 그리고 며칠 내로 물건이 내 손으로 전달되기 때문에, 온라인 쇼핑은 전반적으로 직접 경험에 가깝다.

아주 간단한 일상생활의 예를 들었지만 온라인-오프라인 통합이 이루어지면서 다양한 간접 경험들이 점차 직접 경험의 영역에 녹아들고, 결합되고 있다. 이것은 많은 경험으로 앞서가는 경쟁자를 따라잡아야 하는 청년층, 이직자, 새로운 분야에 도전을 준비하는 사람들에게는 훌륭하고 중요한 기회이다. 그러니 여러분의 경험 일지에 간접 경험을 포함하라.

그리스의 문학가 니코스 카잔차키스가 1946년에 쓴 '그리스인 조르바'에는 시골 마을에 사는 그래고리오 영감이 나온다. 부자인 그는 하루 종일 마을 어귀에서 마을을 지나가는 사람들을 관찰한다. 그리고 멀리서 오는 나그네를 골라 자신의 집에 초대하고, 융숭한 저녁과 잠자리를 제공한다. 하지만 세상에 공짜는 없는 법이다. 식사 후 그래고리오 영감은 손님과 거실에 앉아 곰방대를 피워 물고 대화를 나눈다. 그가 어디에서 왔는지, 어디를 지나 왔는지, 오는 길에 무엇을 보고 들었는지, 마을 밖 세상에서는 어떤 일들이 벌어지고 있는지 묻고, 이야기를 경청한다. 마을 사람들이 그래고리오 영감에게 "직접 세상을 여행하시죠."라고 권하면 그는 언제나 똑같은 대답을 한다. "뭐 하러 힘들게 집을 떠나나? 세상이 나를 찾아오는데."

물론 세상으로 나아가 직접 체험하는 것이 훨씬 더 생생한 경험이지만, 연로한 나이, 세상에 대한 호기심, 위험 등을 종합하면 그래고리오 영감의 간접 경험을 통한 세상 이해하기는 상당히 가성비가 높다고 평가해 주어야 할 것이다. 하물며 21세기에는 손님을 청하고, 식사와 방을 제공하는 수고와 비용 없이 모니터만 보면 되니, 더더욱 간접 경험의 가성비와 가치가 높지 않은가?

덕후들이여, 관심을 넘어
장인의 경지까지 올라서라

과학의 발달로 간접 경험이 직접 경험만큼이나 정교해지면서, 최근 새로운 '경험 강자층'이 등장하고 있다. 이들은 과거 독학파인 재야의 고수와 유사하지만, 정보기술의 발전을 통한 디지털 네트워크의 등장이라는 시대 변화에 힘입어 과거보다 더 강력해졌다. 전문 정보들이 인터넷 공간을 통해 다양하게 공개되어 그 분야의 전공자나 전문가가 아니어도 관심만 있다면 얼마든지 고급 정보에 접근할 수 있고, 과거에는 흩어져 있던 독학파들이 온라인 커뮤니티를 통해 '연결' 되었다는 커다란 변화 때문이다.

그런 사람들을 흔히 '덕후'라고 부르는데, 한 가지 취향에 몰입해 생활을 그것에 맞추는 부류를 지칭하는 일본어 '오타쿠'에서 변형된 말이다. 예전에는 '마니아'라는 용어를 많이 썼는데, 그보다는 조금 더 짙어진 말로 느껴진다. 덕후, 덕질(덕후 활동에 몰입하다), 탈덕(덕후 활동을 그만두다) 등 관련 표현도 다양해지고 있다.

중요한 것은 특정 분야의 마니아층, 덕후들은 예전에도 존재해 왔다는 점이다. 이들 중 다수는 다양한 취미 활동 수준에 머물렀지만 일부는 전문적인 분야, 특수한 영역에서 관심자를 넘어 장인적 경지까지 오른 경험자들이 되었다. 이런 사람들이 앞으로도 생겨날 것이라는 데 주목해야 한다.

인터넷과 디지털 네트워크가 정보 공유를 강화하기 전에 등장했던 대표적인 인물을 살펴보자. 톰 클랜시는 미국의 대표적 베스트셀러 작가로 1947년에 태어나 2013년에 사망했다. 그는 군사 무기 체계와 20세기 동서 냉전시대 안보, 핵 위협을 소재로 군사력에 의한 세계 평화 유지 방안과 협상, 전략 등을 다뤄 '테크노 스릴러'라는 장르를 개척하였다. 1990년대 소련 해체 후에는 정보화의 도래와 테러 집단의 발흥에 초점을 맞추어 21세기 안보와 평화 문제를 소설화했다.

그의 작품 대부분은 영화화되었고, 상업적으로도 성공했다.

1984년 데뷔 작품이 '붉은 10월'인데, 당시 소련의 호위함이 스웨덴으로 망명을 시도했다는 실제 기사에서 모티브를 얻었다고 한다. 이때부터 '톰 클랜시의 잭 라이언'시리즈가 만들어지기도 했다. 대성공후 톰 클랜시는 차기 작품의 사전 계약금이 4천만 달러까지 치솟았다. 한화로 약 500억 원에 달한다. 소설책 한 권이 말이다. 당시 레이건 미국 대통령은 그의 작품들에서 영감을 받고, '이것이야말로 완벽한 스토리!'라고 극찬했다. 그는 CIA와 FBI의 자문역을 맡았고, 미 국방부 펜타곤에 출입증 없이 들어갈 수 있는 유일한 인물이되었다.

흥미로운 것은 톰 클랜시가 테크노 스릴러 작가가 되기 전의삶이다. 그는 젊었을 때부터 군사 무기와 전쟁 전략에 관심이 많았지만 군대 근처에도 가 본 적이 없었다. 우편집배원 아버지와 백화점점원인 어머니 사이에서 태어나 대학에서 영문학을 전공했고, 군인이 되기 위해 ROTC에 지원했다가 불합격했다. 졸업 후에는 생계를위해 여러 지역을 전전하며 보험 중개업을 직업으로 삼았다.

하지만 그는 자신을 사로잡은 관심 분야를 포기하지 않았고, 관련 서적, 기사, 군사전문잡지, 다큐멘터리 등의 자료를 꾸준히 연구하며 소설을 썼다. 그리고 37살에 발표한 첫 소설로 스타작가로 등극하였다. 워낙 다작을 하고 영화화되다 보니, 나중에는 첨단화된 군사

체계와 작전 개념에 대해 뒤떨어지고 과장이 많다는 비판도 따랐다. 하지만 한 작가가 장기간 한 분야를 독점하다시피 한 사례는 대단한 일이 아닐 수 없다.

톰 클랜시의 사례를 언급한 것은 특정 분야의 전문가가 되기 위해 정규적인 과정을 거쳐야만 하는 것은 아니라는 것을 말하고 싶어서다. 우리는 관행적으로 전공을 이수하고 학위를 딴 사람들을 신뢰하는 경향이 있다. 학사, 석사, 박사들 말이다. 그런데 전공이나 성적, 학위를 따지기 전에 그가 자신의 전공 분야에 정말 관심이 있는지, 여전히 호기심을 가지고 일하고 연구하는지, 진짜 전문가인지 따져 봐야 한다.

한때 입시시장과 취업정보업체에 몸담으면서 인적자원개발에 관심이 컸던 내가 충격을 받았던 통계가 있다. 대학입시에서 많은 학생들이 적성보다는 성적에 맞춰 진학하기 때문에, 70~80%의 대학생이 입학 후에 전공 부적응 현상을 겪는다는 것이다. 더욱 안타까운 것은 상당수가 그 과정을 '견뎌 내고' 사회에 나와서 전공에 맞춰서 취업을 하기 때문에, 그만큼의 비율이 직무 부적응 현상을 겪는다.

이들은 이후의 직업생활 동안 큰 스트레스를 받으며 늘 다른 꿈을 꾼다. 그중 소수의 도전자만이 다시 자신의 길을 찾아 나서고,

그중 또 소수만이 톰 클랜시처럼 성공한다. '해리 포터'로 인생역전을 이룬 조앤 롤링도 마찬가지였다. 항공기술자 아버지와 과학자 어머니 사이에서 태어나 어린 시절부터 이야기에 몰입했다. 불문학을 전공했지만 그녀는 재능을 살리지 못하고, 불운한 결혼생활 후 싱글 맘으로 생활고에 시달렸다. 극한의 가난 속에서 오래전부터 구상하던 '해리 포터와 마법사의 돌'을 집필했지만, 원고가 길어 어린이들이 읽지 않을 것이라고 출판사마다 퇴짜를 났다. 수많은 퇴짜 끝에 간신히 출간을 하면서도 여자가 쓴 이야기를 남자아이들이 읽지 않을 것이라는 출판사의 편견으로 J. K. 롤링이라는 필명을 써야 했다.

하지만 해리 포터 시리즈가 세상에 나온 후 이 스토리들이 세상을 어떻게 바꾸었는지 우리는 잘 알고 있다. 조앤 롤링 자신의 삶역시 얼마나 획기적으로 바뀌었는가? 나는 런던을 방문하면 근교의 해리 포터 스튜디오를 찾는데, 늘 즐거움이 가득한 곳이다. 현실의 고통을 경험하는 과정에서 했던 절박한 시도는 때로 엄청난 가치와 부를 창출해낸다.

당신은 자신이 하는 일, 생활, 관계 속에서 전공자인가 관심자인가? 둘 다 아닌가, 혹은 둘 다인가? 어디에 해당하든, 우리는 '어떤 경험 속으로 자신을 이끌 것인가'를 결정해야 한다.

우리의 존재를
증명하는 방법

아침에 눈을 떠서 저녁에 잠들 때까지, 혹은 태어나서 죽을 때까지 우리는 매 순간 무엇인가를 경험한다. 무엇을 경험하든지, 그것이 우리의 하루를 만들고 1년을 만들고 일생을 만든다. 우리는 경험을 통해서 존재한다. 그러니 매 순간의 경험을 소중히 여기고 고이 간직하는 습관을 만들어야 한다.

우리는 찰나의 경험이 우리에게 가르치는 엄청난 정보, 지식, 지혜의 느낌을 감지하지만 그것을 붙들지 못하기 때문에 망각의 심연에 떨어뜨리고 만다. 덕분에 한 번에 갈 수 있는 길을 뱅뱅 돌아가는 시행착오를 반복하곤 한다. 그래서 부모들은 자신의 시행착오를 대물림하지 않으려고 아이들에게 훈계를 하고, 훈계는 잔소리가 되어 자녀와 멀어지게 만든다.

이 또한 어쩔 수 없는 경험의 과정일지도 모른다. 하지만 조금만 의지를 발휘해서 시행착오 경험을 줄인다면, 그 에너지와 시간, 비용을 훨씬 더 생산적인 경험에 투자할 수 있을 것이다.

그런데 '경험'은 어디 있는가? 우리의 '존재'는 우리의 몸 안에 있다. 과학에는 유체이탈이 없다. 나의 경험은 나의 몸 안에 있다. 몸이 아니라 머리나 뇌, 또는 마음이나 정신, 영혼에 있다고 생각할 수도 있을 것이다. 하지만 곰곰 생각해 보자. 머리나 뇌는 분명 우리 몸이고, 보이지는 않지만 내 자아의 심리적 의식 작용인 마음이나 정신 또한 내 몸이 아니면 어디에 있단 말인가?

그러니 경험을 이야기할 때 그리스 철학의 육체-영혼 이원론은 잊자. 우리가 경험을 할 때는 나와 세상의 경계이자 접점인 감각에서 시작하고, 우리의 느낌은 이전 경험의 기억과 비교·분석되고 선별·분류되며 저장되고 활용된다. 크고 작은 경험의 조각들은 우리의 몸과 정신 안에서 직관적으로 연결되고 통합된다.

현대 물리학자 한스 크리스천 폰 베이어는 저서 '과학의 새로운 언어, 정보'에서 매우 중요한 영감을 주고 있다. 그는 '지구가 멸망한다면 후대를 위해 전달할 것은 오직 정보가 될 것'이라고 말한다.

곤란한 점은 우리가 흔히 쓰는 이 정보라는 개념이 과학적으로는 매우 불완전하며 정의조차 내리기 어렵다는 것이다. 우리는 지금 현재의 사회를 정보사회, 정보시대라고 한다. 그런데 우리가 정보에 가격을 매길 수 있는 것은 '양' 뿐이다. 정보의 용량, 정보의 속도, 정보의 형식이 상호 관계하면서 정량적 측정은 가능한데, 가장 중요한 정보의 질적 가치를 정할 방법은 아직 없다. 우리가 지불하는 정보이용료가 용량과 속도에 따른 차별만 하는 이유가 바로 여기에 있다. 시장 거래에서 정보의 수요자와 공급자 간 합의에 의한 경우라면 모를까, 과학적 가치를 정할 방법은 아직은 없다.

폰 베이어 교수는 정보의 양과 질을 통합할 수 있어야 한다고 제안한다. 양자역학, 양자 컴퓨터의 등장과 함께 '큐비트'라는 새로운 단위를 소개하는데, 이는 물질과 정보를 통합하는 개념이다. 물질의 최소 단위인 양자, 퀀텀(Quantum)의 '큐'와 정보의 최소 단위 '비트'를 결합한 것이다. 이 제안이 가까운 미래에 과학기술계에 자리 잡을지는 모르겠다. 아예 정보의 단위를 '달러'로 하자는 진지한 제안도 있다.

나는 폰 베이어 교수의 정보 이야기를 읽으며 나에게는 정보가 경험으로 대치된다는 것을 깨달았다. 그래서 2007년 그의 저서를 읽고 이런저런 생각을 하다가, 2008년 여름 블로그에 다음과 같이 나 자신의 묘비명을 정리했다.

나는 빛 속에서 살았다.

나는 소리 속에서 살았다.

나는 물질 속에서 살았고, 또 정보 속에서 살았다.

나는 사람들을 만났고,

나는 사물들을 누렸으며,

나는 사건들 속에서 살았다.

그런데

사는 동안 가장 중요했던 것은 세상에 대한 열정이었고,

영원히 남을 것은 오직 사랑이다.

여기를 지나는 이들이 그것만을 가져가길…

묘비명으로는 좀 길다 싶지만 더 줄이기도 어려웠다. 우리가

속한 시공간이라는 환경이 우리의 감각을 통해 주는 자극 경험, 그것이 다른 개체와 객체들과 관계 맺어온 경험, 그리고 감성적, 이성적 판단을 통해 경험의 중요도를 우선순위 매기고 판단한 것이기 때문이다. 결론 부분이 조금 민망하지만, 죽음을 앞두면 누구나 감상적이고 낭만적이 되는 것은 양해하기로 하자.

누구에게나 인권이 있는 것처럼 누구에게나 경험 주권도 있다. 자신의 경험에 대한 판단은 고유한 권리다. 타인이 논하고 비평하고 비판하고 조언할 수는 있으나, 경험은 결국 자신의 것이다. 한 사람이 죽으면 그가 경험한 세계 역시 사라져 버린다. 똑같이 구축하거나 완벽하게 반복 재생할 수 없는 엄청난 경험의 세계가 증발하고 소멸해버리는 것이다. 따라서 우리가 경험한 세계는 정신을 포함한 우리의 몸 안에 있고, 우리의 존재 자체이다. 나만의 고유한 정보인 경험 세계가 사라지지 않게 하려면, 우리의 경험을 압축 요약해서 후대에 전달해야 한다.

우리는
고집스러운 존재다

우리의 존재는 늘 가변적이다. 우리가 속해 있는 환경이 변화 무쌍하고, 우리는 그 환경에 적응해야 살아남는 존재이기 때문이다. 언뜻 동의하기 힘들다면 지금 우리를 한번 되돌아보자. 2020년 코로나19 바이러스가 전 지구를 휩쓸자, 외계인과 전쟁을 치르듯 팬데믹 및 인포데믹과 싸우며 초유의 경험을 하고 있다. 그동안 우리의 생활은 알게 모르게 얼마나 바뀌었는가? 포스트 코로나 시대, 비대면, 언택트, 온택트, 재택, 집합금지, 방역, 마스크, 백신, 생활 격리 등, 전에는 상상조차 하지 못했던 것들이 일상이 되고 습관이 되었다.

그런데 이 모든 변화의 선행 요인은 바이러스의 변이에 있다.

첫 발생이 중국 우한이냐 아니냐를 가지고 국가들과 국제기구가 아직도 다투고 있고 과학적, 의학적 논쟁에 외교 안보적, 정치적 이슈까지 결합되어 어려운 문제가 되었다. 이후 S형, V형, G형 변이가 영국 발, 남아공 발, 브라질 발, 인도 발 변이로 바뀌고, 여기에 알파, 베타, 감마, 델타 변이로 이름을 붙여 나갔건만 알파벳이 모자랄 지경이다.

인류가 백신과 치료제를 만들면서 저항하자, 코로나 바이러스도 생존을 위해 더 교묘하고 강하고 치명적인 돌연변이를 빠르게 만들어 내고 있다. 지능도 없는 바이러스들이 우리 대응의 허점을 어쩌면 그렇게 잘 파고드는지, 이 과정을 분석하면 자연의 무서움에 혀를 내두를 지경이다.

이뿐인가. 인간의 문명이 지구를 파괴하자 그 결과가 기후 위기로 돌아왔다. 해마다 계절마다 이상기온과 폭염, 폭우, 혹한, 지진 등이 예측과 과거 패턴을 무시하고 더 큰 위기로 닥쳐온다. 자연의 복수 외에 국제 질서도 불안정하며 경제적으로 시장의 부침(浮沈)도 널을 뛴다. 통화, 금리, 물가, 고용, 투자, 주가, 생산, 교역 상황은 통제할 수 없이 연동되어 시시각각 바뀌고, 암호화폐 같은 새로운 변수가 끼어들기도 한다.

그래서 우리의 경험도 새로워질 수밖에 없다. 그런데도 우리는 과거 경험에 의존해 미래를 설계하는 경우가 많다. 우리가 경험하고 살아가는 환경의 변화 때문에 경험에도 과거, 현재, 미래가 구분된다. 변화무쌍한 미래를 과거의 경험에 비추어 설계한다면 그 설계대로 움직일 리가 없다.

이 책은 원래 경험론-관계론-존재론의 3부작으로 구상한 것이다. 물론 후속작의 출간 여부는 독자와 시장, 출판사의 반응에 달려 있다. 만약 이 책을 5부작으로 쓸 수 있다면, 변화론-적응론이 보태지게 될 것이다.

지금까지 이야기한 '경험'이 중요한 것은 결국 우리가 생존하기 위해서이며, 더 나아지고 행복해지기 위한 우리 삶의 핵심 기제이기 때문이다. 우리는 경험하고 겪어 봐야만 변화하는 고집스러운 존재들이다. 우리 안의 경험은 우리를 안주 시키려고도 하고 어느 방향으로 추동하려고도 하기 때문에, 경험을 연료로 운전하는 것은 우리 자신이며, 경험은 우리 대신 의사결정을 해주지 않는다.

chapter 02

경험을
연결하라

모든 경험이 있는 그대로 상품이 되는 것은 아니다. 잘 다듬어서 적재적소에 내어놓아야 한다. 어떤 경험을 기억의 저장고에서 끌어올렸을 때, 당시의 상황과 맥락에 잘 비추어 보지 않으면 왜곡될 수도 있는 것이 경험의 기억이다. 상품성을 높이기 위해 개인적이고 주관적 경험을 재구성해서 다른 사람들이 관심을 보이게 만들어야 한다. 그래서 과거의 경험을 현재의 감각으로 재해석하는 창의적 개입도 허용된다.

연애도
돈이 될까?

우리 마음속 다락에 먼지를 쓰고 있던 일상의 경험을 발굴해서 반짝반짝 닦아 가치 있는 상품으로 다듬어보기로 하자. 경험의 영역과 유형은 여러 가지가 있지만 사람들의 호기심이 많이 작용하는 주제는 역시 '사랑'이다.

중·고등학교 학창 시절, 수업하기 싫은 학생들이 선생님에게 빼놓지 않는 요구사항이 바로 "선생님, 첫사랑 얘기해 주세요!"였다. 사춘기 청소년들이니 사랑 이야기에 관심을 갖는 것은 당연지사이고, 선생님도 학생들의 마음을 뻔히 알지만 은근슬쩍 과거 이야기를 해주시곤 했다.

여기서 다시 질문을 환기해 보자. 개인의 사생활인데다가 헤어진 상대의 신원과 관련된 정보라도 섞이면 자칫 범죄가 될 수도 있는데, 연애 경험도 돈이 되는 경험 자산일까? 맞다. 연애 경험도 당연히 돈이 된다. 물론 전제 조건들이 있다.

가장 좋은 것은 재미있고 애틋한 연애 경험을 지닌 당신이 로맨스 드라마나 영화의 시나리오 작가일 경우이다. 그렇다면 당신의 연애 경험이 스토리에 녹아들어 삶의 경험, 느낌, 관계의 전개 과정, 당신과 그 사람의 성격과 캐릭터, 끌림과 갈등, 주변 사람들의 시선, 그리고 더해지는 다양한 에피소드가 당신 작품의 주요 소재가 될 것이다. 연애에 쏟은 열정과 에너지가 직업적 수입으로 돌아올 가능성이 가장 높은 행운아다. 물론 아기자기한 장밋빛 꿈은 금물이다. 로맨스 드라마나 영화 제작 시장이 그리 크지 않으며, 흥행작을 내기 위해 시나리오를 쓰는 작가들에게 이 작업은 낭만은커녕 피 마르는 스트레스일 테니 말이다.

하지만 범주를 조금 넓히면 연애 경험은 연애소설 출판이나 웹툰 스토리텔링의 주요 소재가 된다. 방송 예능 프로그램에도 청춘물 포맷에 짝짓기 게임이 들어가고, 유튜브 등 뉴미디어 콘텐츠에도 연애 상담이 넘쳐난다. 센스 있는 콘텐츠는 꽤 인기를 끌기도 한다. 사주와 궁합을 봐주기도 하고, 타로 카드를 해석해서 수익을 얻기도 한다.

'연애'를 소재로 한 콘텐츠나 서비스 사업에 있어서는 사용자가 해당 프로그램에 대해 갖는 '신뢰'가 중요하다. 저작자나 진행자, 출연자가 사용자가 원하는 고민과 문제에 적절한 해답지를 줄 수 있을 것인가? 나의 문제를 이해하고 공감하는가? 비슷한 경험을 한 적이 있을까? 아니면 저 진행자는 어디서 읽은 내용과 상상만으로 말하고 있는가? 사람이란 타인의 말과 표정에서 그런 뉘앙스까지 찾아내는 존재다. 신뢰를 잃는 순간, 그 콘텐츠의 사용자들은 물거품처럼 사라지고 말 것이다.

연애 경험에서 중요한 것은 표면적 흐름만이 아니다. 우리 내면의 역동을 읽어내면 앞으로의 경험에 중요한 기반이 되는 깨달음이 많을 것이다. 대학 시절, 내가 나 자신의 잠재적 에너지의 바닥을 본 경험은 학업이 아니라 연애에서였다. 같은 수도권이지만 학교도 다르고 거리도 먼데, 시간이 있는 날이면 평일이든 주말이든 만나서 밥을 먹고 영화도 보고 대화를 나누며 시간을 보내곤 했다. 그뿐인가? 헤어진 후에는 늦은 시간에 귀가해서 밤새 편지를 썼다. 아침에 학교 우체국에서 편지를 부치고 수업이 끝나면 또 만나러 갔다. 그런데 그 시기에는 학업 성적도 올랐다. 요즘은 종이 편지는 사라지고 디지털 디바이스로 대체되었지만 경험의 패턴은 마찬가지일 것이다.

나중에 벤처기업을 창업해서 가장 힘들던 초창기에, 일과 연애한다는 마음으로 궂은일과 힘든 과정을 매일 밤새도록 하며 마인드 컨트롤로 이겨내던 시기가 있었다. 연애든 자기계발이든 일이든 다른 목표에 따른 활동이든, 자기 잠재력의 바닥을 확인해 보는 경험은 매우 중요하고 유용하다. 그리고 이 경험은 다른 영역에도 적용될 수 있는 연결 능력이 있다.

연애 경험도 다양하게 분석하고 활용해 보라. 사람과 반려동물에 대한 사랑은 타인, 타 집단에도, 또 목표하는 일에도 활용할 수 있다. 취미인 등산, 낚시, 서핑, 다이빙에도 활용할 수 있고 봉사활동이나 미래의 다른 삶에도 적용되고 발전시킬 수 있는 중요한 기반이 된다.

최고의 콘텐츠는
추억이다

우리 삶에서 열정을 불태우고, 몰입하고 집중하여 나 자신을 향상시키려는 경험의 대표적 예로 연애 경험을 다뤘지만, 이 또한 사람마다 다르다. 설렁설렁 연애하고 대충대충 일하거나, 어떤 관심 분야에 몰두해서 자신의 잠재력을 밑바닥까지 끌어올려 본 경험이 없는 사람도 있을 테니 말이다.

그렇다면 다른 경험도 좋다. 좋은 대학에 가려고 수능을 열심히 준비했다거나, 외국어를 유창하게 구사하기 위해 스터디 그룹에 열심히 참여했다거나, 정말 들어가고 싶은 회사가 있어서 취업 준비를 열심히 했다거나, 한때 영화 음악에 매료되어서 밤새워가며 수많은 영화를 봤다거나, 어떤 목표에 매진했던 자기만의 몰입 경험을 찾아보기 바란다.

그런데 이렇게 열심히 과거의 경험을 들쳐보려는 이유는, 이 책에서 다루는 중심 주제 때문이다. 내가 살기 위해서 경험한 일상의 이야기와 기록들이 상품이 될 수 있고 돈이 될 수도 있고, 다른 사람들에게 가치가 있다는 사실 말이다. 바로 그 사실을 환기해야만 조금 더 가치 있는 내 경험을 들추어낼 수 있다.

그런데 모든 경험이 있는 그대로 상품이 되고 돈이 되는 것은 아니다. 잘 다듬어서 적재적소에 내어놓아야 한다. 채소들도 판매대에 올라가기 전에 모양새를 다듬는 마당에, 소중한 경험을 상품화하면서 잘 다듬지 않는다면 어떻게 가치를 높이겠는가? 그러니 연애 경험에서 조금 더 확대해서 우리 삶의 경험 중 인상적인 대목을 더 탐색해 보기로 하자. 어렵게 생각할 필요는 없다. 인상적인 경험은 가장 먼저 떠오르는 법이다. 그것을 우리는 '추억'이라고 부른다.

자, 이 대목에서 당신은 지금 어떤 추억이 떠오르는가? 우리가 어떤 상황에서 추억을 떠올렸을 때는 현재와 과거의 연결점이 무의식적으로라도 있는 경우이다. 혹은 지금 내가 뭔가 보고 느낀 것이 과거 어느 시점의 무언가를 떠올리도록 자극했을 수도 있다. 앞에서

'감동'도 좋은 것만이 아니라 힘들었던 경험까지 포괄한다고 했던 것처럼 우리의 추억도 늘 아름답고 성취로 가득 찼던 것만은 아니다. 무언가를 잃고 무언가를 대신 얻은 것도 있을 것이고, 때로는 다 잃고 나만 빈털터리가 된 쓸쓸한 추억도 있을 수 있다.

쓸쓸하건 행복하건 지나간 일을 돌이켜 생각할 때 자꾸 떠오르고 자주 떠오르고 또 떠올라 '추억'이라고 부르게 되는 과거 경험은 자신에게 뭔가 큰 인상을 남긴 사건이다. 특정 시기 짧은 단막극으로 끝난 추억도 있고 인연과 관계가 줄줄이 이어져 인생의 한 시기를 차지하는 긴 추억도 있을 것이다. 내 삶에서 가장 인상적인 추억을 떠올리고 지금 메모해보기를 권한다.

내 추억은 고교 시절로 거슬러 올라간다. 학력고사로 대학이 결정되는 시기였는데 예비고사-본고사 체제든, 학력고사든, 지금처럼 수능을 치르고 정시-수시-학생부종합전형을 거치든, 대학입시의 본질은 '경쟁'이다. 그래서 시대를 막론하고 대한민국 수험생은 늘 고단하다. 가장 안타까운 것은 가장 즐겁고 감수성이 충만한 성장기에 학업에 너무 많은 시간과 에너지를 쏟아 다른 추억을 만들 여유가 부족하다는 점이다. 이것은 개인의 인생과 사회적 손실이며, 한 세대의 추억의 시공간을 획일화하는 안타깝고 슬픈 재생산 과정이다.

1980년대 중반 고교 시절에 나는 학교보다는 교회로 도피했다. 가족이 지닌 종교의 영향도 컸지만 무엇보다 학교보다는 교회와 같은 외부 커뮤니티에 청소년 문화가 있었기 때문이다. 당시 교회는 학생회가 자율적으로 의사결정을 했고 가을마다 화려한 예술제가 열리곤 했다. 물론 종교적 룰에 의한 금기들이 있었지만, 시, 그림, 노래와 음악 연주, 연극 등 예능 활동에 목마른 청소년에게는 해소와 해방의 장이었다. 방학이면 저렴한 회비로 수련장으로 떠나 다양한 프로그램을 접하면서 여행의 욕구도 채울 수 있었고 야유회, 체육대회, 성가대 수련회 등등 학교라는 제약 밖에서 제법 다양한 활동이 지원되는, 좋은 문화의 장이었다.

입시에 집중해야 하는 고등학교 시절에 교회생활을 열심히 하다 보니, 고등학교 2학년 때 교회 고등부 학생회장을 맡게 되었다. 당시 내가 다니던 교회는 대형 교회는 아니었지만 한 세기가 넘는 역사를 가지고 있었다. 문화적 수준이 높아 해볼 만한 프로그램이 풍부한데다 예산도 많았고 학생회 자율적 결정에 대한 어른들의 지원이 컸다.

감수성 넘쳐나는 학생에게 '어른들이 돈과 자원을 밀어줄 테니 1년 동안 또래들과 어떤 행사와 프로그램을 하면 유익하고 재미

있을지 마음껏 계획해 보라.'고 하는 기회는 일생에 흔치 않다. 이런 즐거운 프로젝트를 다양한 학교에 다니는 친구들과 매주 만나 기획하고 토론하고 결정한 다음, 다시 교사들과 상의한 후 사전 답사를 간다. 그리고 홍보하고 추진하고 실행해서 잘 마무리 짓고, 수고한 친구들과 축하하고 격려하고 평가하는 과정을 거친 1년은 성장의 시기였다.

이때 처음으로 나는 자신의 리더십 스타일과 한계, 장단점을 어렴풋이나마 깨닫게 되었다. 이때 내가 파악한 리더십은 자신을 낮추면 사람들이 도와준다는 것이었다. 자신을 높이려고 하면 사람들은 거리를 두거나 떠날 것이다.

그래서 나에게는 고등학교 시절을 떠올리면 자기 주도적으로 문화 프로그램을 친구들과 공유했던 추억이 무엇보다 먼저 강렬하게 떠오른다. 그때 밤하늘을 향해 부르던 노래들, 캠프파이어를 하면서 바라보던 불꽃, 여러 친구들과 미래의 희망을 나누던 일, 또 80년대 고유의 사회문화적 맥락이 마치 한 편의 영화처럼 선명하게 떠오른다.

가슴 속을 잘 뒤져보면 누구에게나 추억이 있을 것이다. 여러분도 각자의 추억을 떠올리고 꼭 정리해 보라. 어쩌면 당신의 추억은 가슴 한구석에 꼬깃꼬깃 접어두기에는 너무 아름다울지도 모른다.

나만의 지도를
만들어라

어떤 경험을 기억의 저장고에서 끌어올렸을 때, 거기에 붙어 있는 꼬리표는 경험의 좌표를 언제, 어디서, 누구와 함께였는지 정도만 알려주는 경우가 많다. 사람들은 보고 싶은 것만 보고 듣고 싶은 것만 듣고 기억하고 싶은 것만 기억하려고 한다. 그래서 떠오른 그 좌표를 지도에 찍어서 당시의 상황과 맥락에 잘 비추어 보지 않으면, 크게 왜곡될 수도 있는 것이 경험의 기억이다.

그래서 우리는 좌표를 얻을 때마다 당시의 지도에 경험의 좌표를 찍고, 당시에 진행된 경험을 잘 음미하고 분석해서 활용 가능성을 가늠해야 한다. 아무리 작은 것이라도 유의미한 경험으로 떠오른 것은 우리의 자산이다. 이 자산을 경험의 지도 위에 조심스럽게 올려놓고 관찰을 해야 한다. 이 작업은 당시 경험의 '맥락'을 재생하고 복원해서 경험 자체의 가치를 풍부하게 만들고, 그 경험의 활용성을 높여 준다.

2021년 연초, 테슬라의 일론 머스크가 들어와 비트코인에 대해 언급하면서 국내에 유행한 메타버스 플랫폼이 있다. 일종의 보이스 채팅 앱인 이 '클럽하우스'는 기존 회원의 초대를 받아야만 입장할 수 있는 방식으로 화제를 모았다.

어느 봄날 밤, 나도 한 그룹의 대화에 참여하고 있었다. 그러다가 문득 이런 말을 했다. "지금 이 분위기는 내가 1993년 처음으로 PC통신에 접속했을 때와 비슷해. 방구석에서 국내외 세상의 친구들과 접속해서 수다 떠는 것이 신기했던 그때의 느낌이 되살아나는 것 같아." 그러자 나이, 세대, 직업, 성별, 사는 곳이 다른 대화방의 멤버들이 PC통신 시절의 기억들을 쏟아내기 시작했다. 당시 유행하던 패션, 핫한 지역과 클럽, 그곳에서 흘러나오던 노래들, 그리고 뮤지션까지, 실로 다양한 이야기들이 쏟아져 나왔다.

우리 대중문화가 많이 발전하고, BTS를 비롯해 K-팝이 세계를 석권하면서, 그 자양분이자 뿌리였던 과거의 대중음악, 대중문화, 한국의 '레트로'에도 엄청난 관심이 쏟아졌다. PC통신의 시대였던

90년대 초중반은 X세대의 시대였다. '서태지와 아이들' 이야기가 많았지만 지금까지 아우라를 뿜는 뮤지션으로는 비운의 김성재가 활동했던 '듀스'를 꼽는 사람이 많았다.

그때 한 참여자가 소리쳤다.

"그때 우리를 이끌어 주던 X세대 형, 누나들은 모두 어디로 가버렸지?"

그 말에 모두 조용해졌다. 그 대화방 사람들 다수가 실은 X세대에 해당하는 사람들이었다. 그들이 사라진 것이 아니라 그 시절 등장한 '10대 문화 권력론'과 함께 기성문화의 그늘에 있다가 문화 소비의 주체로 화려하게 떠올라 시대를 주도했던 1020 청소년들은 이제 기성화 되고 있었던 것이다.

그날로부터 대화방은 밤마다 21세기를 복원하고, 지키고 발전시켜볼 만한 X세대 문화 경험과 가치는 무엇인지에 대해 치열한 논쟁과 토론을 이어갔다. 그리고 1990년대 문화 콘텐츠가 재평가되면서 다양한 공간으로 다시 퍼져 나가기 시작했다.

여기서 X세대 이야기는 우리가 경험했던 어떤 시절의 생활양식과 생활문화, 사고방식까지 사회적 맥락 위에서 해석할 때 그 원인과 흐름을 더 명확히 파악할 수 있다는 하나의 예다. 당신이 X세대

이전이든 이후이든, 당신의 성장기와 청춘기에 영향을 주었던 사조와 시대정신, 트렌드가 분명히 있다.

경험의 지도란 당신이 겪었던 경험의 무대, 즉 배경을 형성하고 있었던 생태계의 '맥락'으로 이해하면 된다. 그것을 세분화해서 따져보면 정치적, 경제적, 사회적, 문화적 맥락이 얽히고설켜 있는 것을 파악하게 될 것이다.

경험은
살아있다

경험의 가치를 높이기 위해서는 경험을 해부하고 재구성하는 과정도 필요하다. 나는 '해부'라는 단어를 별로 좋아하지 않는데, 경험을 '해부한다'고 표현하는 데는 이유가 있다.

해부

1. 생물체의 일부나 전부를 갈라 헤쳐 그 내부 구조와 각 부분 사이의 관련 및 병인, 사인 따위를 조사하는 일

2. 사물의 조리를 자세히 분석하여 연구함

여기서 '경험'이라는 대상에 대해 시도하려는 해부는 두 번째 항목과 가까울 것이다. 그런데 우리가 이 말에서 떠오르는 것은 첫 번째 경우가 일반적이다. 아마 학창 시절 과학이나 생물 시간에 실습을 하면서 조개나 개구리 같은 생물을 해부해 본 경험이 떠오르는 독자도 있을 것이다. 예전 시골에서는 다양한 곤충이나 물고기, 참새를 비롯한 조류 등을 잡기도 했고, 짓궂은 아이들이 해부하는 경우도 있었다. 또 동네 시장의 닭집이나 큰 시장 정육점에 해체된 가축이 걸려 있는 모습도 드물지 않았다.

이런 익숙함이 있는데도 '해부'라는 표현이 불편한 것은 그 대상에 '생명'이 깃들여 있고 생명 윤리가 우리 안에 내재되어 있기 때문이다. 바로 이 이유 때문에 경험을 대상으로 분해, 분류, 분석을 진행할 방법론 학습에 앞서 '해부하기'라고 쓴 것이다. 경험은 살아 있기 때문이다.

우리가 다루려는 경험은 육체는 아니지만 우리의 일부이고, 물건이 아니라 감각·기억·재생의 살아 있는 구성물이며, 신진대사와 상호작용을 하며 움직인다. 앞에서 경험을 그 자체뿐만 아니라 맥락, 즉 경험의 지도 위에서 관찰해야 한다고 강조했다. 그때도 '지도'라는 용어를 정지된 그림판이 아니라 해당 경험이 전개되던 그 시공간의 역동을 포함한, 하나의 '생태계'로 바라보는 것이 바람직하다.

지금은 자주 보지 않지만 과거에 알고 경험을 공유한 인물이 문득 머리에 떠올랐다고 가정하자. 사실 이런 일은 나에게는 자주 있다. 그러면 먼저 그가 어떻게 생겼는지 그 사람의 말투나 특징은 어떤 것이었는지를 곰곰 떠올려 보며 머릿속에 그 인물을 그려본다. 이는 모습을 재생하고 실감나게 재구성하는 '몽타주' 기법이다.

그 다음은 그 인물과 나의 당시 관계를 기억해 낸다. 친했는지, 어떤 업무 관계에 있었는지, 서먹했거나 의견 충돌 혹은 갈등이 있었는지를 떠올려본다. 그러다 보면 그 기억의 상대와 함께 했던 프로젝트나 주고받았던 대화의 단초들이 걸려 올라온다. 그 사람의 말투가 생각난다. 어떤 표현을 자주 써서 특이하다고 생각했다든지, 회식을 몇 번 했다든지, 술 마시며 사는 이야기 나눌 때 어떤 제스처를 했다든지, 생각하지도 못 했던 것들이 차차 떠오르기 마련이다.

몽타주 기법이 프로필을 재구성한 단계였다면 그다음은 동영상의 재생이다. 우리가 사용하는 기술적 미디어는 결국 우리의 감각과 지각의 인공적 반영물이기 때문에 과정을 보면 크게 다르지 않다. 그런데 기억이란, 떠올리는 경험과 현재의 시간 거리에 따라 왜곡이나 착각이 있을 수 있으니, 중요한 문제라면 재확인과 점검이 필요하다.

이렇듯 일상적인 경험을 다 소환해 내고 나면 우리는 그 사람에 대해 결론을 내린다. '아, 그 사람 좋은 사람이었지. 도움을 많이 받았어.' 아니면 '지긋지긋했던 사람이야. 다시 만날 일 없어.' 이런 식으로 말이다.

타인과의 관계에 대한 우리의 사회적 전략은 '포섭'과 '배제' 둘 중 하나다. 나의 영역 안에 둘 것인가 밖으로 빼낼 것인가의 판단 근거는 대략 두 가지다. '신뢰 대상인가 믿을 수 없는 대상인가'와 '지금 나에게 도움이 되는가, 도움이 안 되거나 불이익이 되는가'의 관계성 평가에 달려 있는 것이다. 그리고 그 판단에 따라 문득 떠오른 인물의 예전 연락처를 찾아보거나, 아니면 SNS 검색을 해보거나, 신경 끄거나 할 것이다.

비틀면
달라진다

앞에서 경험은 물건이나 무생물보다는 살아 있는 유기체로 바라보고 다루어야 하기에 경험을 '해부'하는 관점을 가져야 한다고 강조했다. 그런데 생물체의 해부든 사물의 해체나 분해든, 멈춰 있어야 가능한 작업이다. 동물의 사체가 아니라 살아있는 인체를 의사가 수술할 때에도, 환자는 마취되어 잠들어 있어야 한다. 고정되고 정지되어 있어야 하는 과정, 의학에서 이것은 생명을 살리기 위한 것이다.

마찬가지로 경험의 해체에도 일단은 해당 경험을 다루고자 할 때 작업의 범위를 결정해야 한다. 하나의 경험에서 실타래를 풀어 나가다 보면 엄청나게 많은 관련 경험과 당시 상황, 관련자가 이어져 나오게 된다. 범위를 정하지 않으면 다룰 수 없는 경험의 덩어리가 작업대를 뒤덮어 버리는 경험해체 경험을 하게 되고, 이런 작업은 대부분 실패한다.

경험의 수술 부위를 잘 결정하라. 그것은 이 경험을 어디에 어떻게 쓰려고 하는지 작업의 목적과 문제의식이 명확할수록 쉬워진다. 문제와 목적이 명확하지 않으면 경험 다루기는 늘 회상으로 흘렀다가 감정의 하수구로 빠져버린다. 그리고 '내가 이걸 왜 하염없이 떠올리고 있었지' 하면서 성과 없이 흐지부지되고 말 것이다.

여기서 한번 생각해 보자. 경험을 해부하고 해체할 수 있다면, 경험을 어떤 제품처럼 분해할 수 있다면, 그 경험의 부품들은 재결합하거나 재구성할 수도 있는 것일까? 여기에서 우리가 경험에 대해 어떤 작업을 하려는 의도와 의지가 개입된다. 경험에 대한 고찰은 할수록 차고 넘치지만, 이 책의 초점은 '경험의 상품화'임을 명심하자. 말하자면 상품성을 높이기 위해 당연히 재구성할 수 있다. 내 내면에 내 방식으로 존재하던 개인적이고 주관적 경험을 재구성하고 변모시켜서 세상과 시장에 선보였을 때 다른 사람들이 관심을 보이고 매력을 느끼게 만들어야 한다.

이 이야기가 막연하게 느껴진다면, 기성 미디어에서 만든 콘텐츠가 아니라 혈혈단신 1인 미디어로 제공되지만 우리가 종종 들여다보는 별난 콘텐츠들의 범람을 보라.

나도 삼시세끼 밥 먹고 사는데 왜 남의 먹방을 들여다보고 있을까? 나도 내 스타일에 맞는 옷 고르는 취향이 있는데 왜 남의 패션 트렌드를 찾아보고 있을까? 과장도 많고 잘못하면 사기 당할 수도 있는데, 무슨 무슨 투자로 대박 났다는 투자 이야기에 왜 자꾸만 귀가 쏠릴까?

이러한 행위들은 결국 남의 경험을 들여다보는 것이다. 남들은 어떻게 먹나, 어떻게 입나, 어떻게 얼마나 버나, 어떻게들 사나 하는 당연한 궁금증일 수도 있으나 이 심리의 바닥에는 자기 자신에 대한 불안감과 불확신, 특히 불신이 자리 잡고 있는 경우가 많다. 한 마디로 나는 제대로 잘 살고 있는 것일까?

자기 경험을 끄집어내 선택하고 이것을 잘 다듬어 재구성해 보자. 타인에게 나의 경험을 소개하고 인정받는 작업의 과정은 나 스스로 나의 가치를 되찾는 매우 중요한 일이기도 하다. 내 존재 심연의 다락 속에 먼지를 뒤집어쓰고 내 것임에도 나조차 잊고 있었던 보물을 닦아 세상에 내놓는 기쁨을 계속 누려보자. 그런데 내 날것의 경험, 개인의 고유한 경험은 세부적인 대목에서는 나만 다시 느낄 수 있다. 따라서 그것을 일반화, 보편화하여 다른 사람들, 대중도 쉽게 이해하고 공감할 수 있도록 만드는 일종의 각색 과정, 스토리텔링이 '경험의 재구성'의 핵심이 된다.

기사처럼
기록하라

내가 중학생이었을 때 할아버지가 돌아가셨다. 장례를 마치고 돌아와 슬프고 허전한 마음을 달래기 위해 할아버지의 방에 들어섰을 때였다. 할아버지의 방 탁자 서랍에 두툼한 가죽 정장의 비망록이 있었다. 할아버지의 비망록을 꺼내 처음으로 펼쳐 보았다.

중학생이 알아보기 어려운, 흘려 쓴 한자를 포함한 만년필 필체가 두꺼운 비망록 종이 위를 가득 채우고 있었다. 늘 함께 하면서도 관심 가져본 적 없었던 할아버지의 젊은 날의 포부와 청년인 할아버지, 장년인 할아버지, 혈기왕성했던 산업 일꾼 할아버지의 삶들이 거기에 있었다.

'1976년 10월 7일. 나성 국제공항. 캘리포니아 하늘의 기운이 사업을 돕는 듯하다. 유니온 사의 기술이 조국의 에너지 발전을 앞당기게 될 것. 인생 마지막 사업이 공과 사의 충족으로 빨리 성취되기를 기원함.'

그날 묵직한 비망록의 느낌은 특별한 경험이었다. 할아버지의 삶이 그대로 담겨 있는 물리적 무게를 손에 든 기분이었다. 지금은 기업의 CEO나 임원들 책상 위에 장식용 비슷하게 놓여있는 다이어리 외에는 전자기록으로 대체된 시대지만, 그런 종이의 느낌을 손끝에 느껴 보는 것도 좋다.

하루하루 바쁘게 일하며 성공을 추구하는 현대인의 생활에서 시간 관리의 중요성은 일찍부터 강조되어 오고 있다. 그런데 이 '시간 관리'란 현재를 관리하고 다가올 시간을 계획하고 있을 뿐 이미 경험한 것, 이뤄낸 것에 대해서는 지나치고 만다. 대신 아직 못한 것, 모자란 것, 결핍된 것을 획득하려고 달려 나가는 것이다. 이 패턴에 과하게 몰입하면 이미 내가 이루고 가진 것을 누리고 활용하고 키워내는 데 쏟을 시간 여유가 없어지게 된다.

따라서 예전에는 그저 지나간 과거의 기록, 어린 시절의 일기일 뿐이라고 폄하했던 내 자산들을 현재적 가치로 되살리기 위한 새로운 기록 관리를 해야 한다.

경험을 기록하는 최소한의 방법은 먼저 저장 공간을 정하는 일이다. 나는 해마다 양복 주머니에 들어가는 포켓용 일정 수첩을 구입해서 사용한다. 한 페이지에 7일, 일주일이 기록되는 종이 수첩으로, 포켓에 들어갈 만한 사이즈를 선택한 이유는 가지고 다니기 편하게 하기 위해서다.

하지만 이 종이 수첩은 확인을 위한 좌표 노트로, 내가 했던 일, 만난 사람, 경험의 키워드만 적혀 있다. 인상적인 내용의 세부적인 기록은 2000년대 이후 블로그로 시작해 SNS에 나뉘어 있기도 하고, 지금 이 책의 원고처럼 스마트폰 메모장에 기록되어 디바이스와 클라우드에 저장되어 있기도 하다. 중요한 것은 유실을 방지하기 위해 '백업'을 하는 것이다. 개인 기록은 유실 방지가 매우 중요하다.

그리고 기록해야 할 경험은 일어난 '팩트'를 기사처럼 써 두는 것이 좋다. 언제, 어디서, 누구와, 어떤 것을, 어떻게 했는지, 특별한 이유가 있다면 왜, 무엇 때문에, 무엇을 위해서 했는지까지 기록하자. 그리고 당신의 느낌을 첨부해 두는 것이 좋다.

이렇게 하나의 사건 파일처럼 작은 꾸러미가 된 경험의 사건들은 나중에 하나하나 펼쳐져 연결되고 엮이면, 나름 의미 있는 힘을 발하는 경험 재구성물의 재료들이 되어 준다

분석을 해야 하는
이유

경험을 지도 위에 올려놓고 해부하고 재구성하고 기록하는 과정들을 공유했다면, 다음 단계는 경험을 분석하는 것이다.

이는 요리의 과정과 비슷하다. 요리를 결정하고 필요한 재료들을 찾아서 요리에 쓸 수 있게 준비해 두었다면, 도마 위에서 다지거나 써는 과정을 거친 후 양념을 넣어 끓이거나 볶거나 데쳐야 한다. 그렇게 만들어진 요리를 보기 좋은 그릇에 먹고 싶도록 플레이팅하는 것까지가 요리다. 그래야 초대한 손님이나 고객들, 혹은 사랑하는 가족들이 그 요리를 맛보고 즐길 수 있다.

자, 이제 실제 상황을 경험 재구성의 도마 위에 올려놓고 요리해 보자. 하나의 사례를 경험 냉장고에서 꺼내본다.

경험의 상황과 배경 _____

　역삼동에 위치한 창업 4개월 된 벤처기업 N사, 40여 명의 직원
이 근무하고 있다. 1997년 12월 첫 월요일 오전 9시, 회의실에 임직
원들이 모여 있었다. 매주 열리는 주간 경영 브리핑이지만 임직원 분
위기와 회의실 분위기는 여느 때와 많이 달랐다.

　IMF 외환 위기가 터진 직후 기업과 시장은 비상사태에 직면했
다. N사는 정보화 시대가 도래하자 한국 사회 오피니언 리더들을 위
한 토털 정보화 서비스를 회원제 패키지로 제공하면서, 방송을 타는
등 홍보 초기의 청년 벤처기업이었다. 당시는 IMF 파고 속에서 대기
업조차 줄줄이 부도가 나고 대량 실업이 벌어지는 상황이었다. 생필
품에 대한 소비조차 허리띠 졸라매는 시장에서 미래를 바라보고 정
보화에 투자하고 지출하는 개인이나 기업은 얼마나 될까?

의사결정의 경험 ─────────────────────

갓 서른을 넘은 창업 대표이사가 비장하게 설명했다.

"회사 문을 닫을 수밖에 없습니다. 두 달 체불된 급여는 회사 자산을 처분하고 정리해서 갚을 테니 여기서 해산하고 각자 길을 찾아야 합니다. 창업 멤버 다섯 명이 6개월간 비즈니스 모델을 준비하고, 법인을 설립해서 우수한 인재를 모으고, 지난 몇 개월간 신시장을 개척하고 영업을 하면서, 현재 회사 재무 상태는 부채만 4억이 넘는 상황입니다. 사장인 제 개인 계좌에 오늘 아침 현재 200만 원의 잔고가 있습니다. IMF 상황이라 은행은 물론 어디에서도 돈을 못 빌립니다. 못 버팁니다. 위험합니다. 여기까지입니다."

전개 경험 ─────────────────────

대표이사의 말에 직원들은 술렁였다. 한숨과 탄식이 회의실을 채운 것은 물론이다. 그때 몇몇 리더들이 다른 의견을 내기 시작했다.

"버텨봅시다. 얼마나 열심히 여기까지 왔습니까? 우리 사업모델은 우리 사회가 결국 가야 할 길입니다."

여기서 잠시 N사 조직문화의 특성을 짚고 넘어가기로 하자. 90년대 중반 초기 벤처기업은 수평적인 토론문화로 이루어진 일종의 생산 공동체 분위기가 있었다. 초기 창업 멤버 다섯 명 중 세 명이 대학 학생회장 출신이었다. 학생운동의 흐름이 살아 있던 당시 이들은 우수한 청년 인재들이었음에도 불구하고 언론사나 대기업, 공기업에 취업할 수 없는 상황이었다. N사는 이들이 '어차피 취업이 안될 바에야 미국 실리콘밸리 신화처럼 새로운 창업신화를 써보리라' 호기롭게 모인, 무협지 '수호전'의 양산박 같은 곳이었던 셈이다. 한 팀장이 제안했다.

"사장님 말씀은 잘 들었고 이해했습니다. 잠깐 나가계시면 저희끼리 토론해 보겠습니다."

나는 그들에게 시간을 주고 회의실을 나왔다.

반전 경험

"사장님, 들어오세요. 저희는 버텨보기로 했습니다. IMF 상황에 어디 취업하겠습니까? 미래 가치를 내는 사업을 이렇게 구축했는데 버리기 아깝습니다. 더 해봅시다."

"만장일치입니까?"

"그렇습니다. 모두 동의했습니다."

"당분간, 언제까지가 될지 기약할 수 없고, 급여를 주기 어렵습니다. 그리고 그것은 모두 제 빚이 됩니다. 하지만 여러분 뜻이 그렇다면 부딪쳐 봅시다."

따라오는 진짜 짠한 경험들

그리고 급여 없는 회사 생활이 시작되었다. 전략 컨설팅 팀, 정보검색서비스 팀, 인터넷 구축 팀, 개발 팀, 하드웨어 팀, 출판 팀, 경영관리 팀까지 매출이 되는 것에는 '맨땅에 헤딩'이라는 구호로 뛰었다. 한 달에 몇 백만 원이라도 벌면 회사 경비를 제하고, N분의 1로 나눴다. 직원들은 대부분 도시락으로 식사를 해결했고, 돌아가면서 사장 점심을 챙겨주기도 했다.

어느 날 클라이언트를 만나러 나가는데 한 직원이 사장을 불러 세웠다.

"사장님, 모 기업 간부 미팅 가시죠?"

그리고 그는 주머니에서 만 원짜리를 꺼냈다.

"커피값은 사장님이 내셔야 합니다."

다음 해 여름이 지나고, 디지털 혁명과 시장 변화가 감지되기 시작했다. 일거리와 매출이 처음에는 단비처럼, 그리고 소나기처럼 쏟아졌다. 직원은 백 명이 넘어가고, 2000년도에는 중국 지사가, 2001년도에는 일본 지사가 설립되었다. 뉴 밀레니엄이 되는 날 밤, 늦은 퇴근 전 테헤란 밸리의 야경을 내려다보며 혼자 중얼거렸던 기억이 난다.

'대표는 자리일 뿐, 팔로워십 없이 리더는 없다. 이 회사의 주인은 누구인가?'

이 경험은 성취의 경험은 아니다. 어떻게 커다란 하나의 위기를 넘겼는가에 대한 상황적 경험이다. 전체 이야기의 1/100도 안 되지만 한 상황의 경험 속에 과거-현재-미래를 관통하는 '핵심가치'가 있는 드라마의 속성이 담겨 있기 때문에, 하나의 예로 제시한 것이다. 이런 방식으로 당신이 위기를 만나고 대응한 경험, 난관에 직면했을 때 빠져나왔던 방식을 재구성하여 분석해 보라.

퍼즐이 아닌
블록처럼

어떤 경험의 덩어리를 조리대 위에 올려 재료를 다듬고 결을 살려내고, 특성을 분석하고 적절한 재구성의 가공을 하여 맛과 가치를 되살려 내는 과정이 첫 단계이다.

수많은 경험은 시공간의 경험 생태 지도 위에서 연결될 수 있다. 원래는 흘러간 과거의 사건이기에 자신의 위치가 고정되어 있다는 점에서 '퍼즐'처럼 맞춰지는 것이지만, 우리가 만들어 가는 경험은 연대기적 고증을 통해서 역사적 사실을 있는 그대로 재현하려는 것이 아니다. 따라서 퍼즐보다는 '레고 블록'처럼 수많은 응용의 모습을 만들어 낼 수 있다고 생각하는 게 맞다.

그래서 과거의 경험을 현재의 감각으로 재해석하는 창의적 개입도 허용된다. 이어지는 장에서는 경험 자체의 가치, 생명력, 상품성을 확장하는 과정과 방법론에 대해 함께 탐구할 것이다.

여기서 기억할 것은 경험은 연결할 수 있고 연결할수록 커진다는 점이다. 우리의 논의에서 경험의 '주체'를 주로 나와 당신, 개인으로 두고 있지만 경험의 주체는 집단일 수도 있고 조직일 수도 있다. 한 마을 단위의 집단 경험, 함께 여행했던 친구들만 아는 공동의 경험, 한 사회, 한 국가 공동체 구성원이 동시대에 겪은 역사적 경험 등 경험의 주체에 따라 개인적 경험은 집단의 경험 속에 놓이기도 한다.

우리가 다큐멘터리나 대하드라마 등 역사물을 통해 얻게 되는 경험적 교훈에 이런 요소가 많다. 영화 '암살'은 일제강점기 독립운동을, '태극기 휘날리며'는 한국전쟁을, '국제시장'은 산업화 시대를, '남산의 부장들'은 장기독재 권력의 마지막 모습을, '국가 부도의 날'은 IMF 상황과 같은 현실을 배경으로 둔다. 그 집단 경험에 사실적 경험과 허구의 경험을 섞어 관람하는 우리를 자극하여 무언가를 얻게 만드는 것이다.

우리가 경험을 재구성할 때 고려해야 할 중요한 기준이 또 하나 있다. 그것은 경험의 '균형'을 잡는 일이다. 어떤 균형일까? '집단 경험의 보편성'과 '개인 경험의 고유성' 사이의 균형이다. 보편성이 사라지면 경험의 공유가 어렵고 고유성이 사라지면 그 경험은 특별한 맛과 가치를 상실한다.

따라서 경험의 연결과 재구성은 섬세하게 다루어야 한다. 똑같은 사건에 대한 경험, 목격, 인지, 진술인데도 사람마다 크고 작은 차이가 나타난다. 그 결과 어떤 것이 진실이고, 어떤 말이 오해이고 착각인지, 아예 허구적 거짓이 개입되는 경우는 없는지에 대해 판별과 판단이 필요한 경우도 생겨난다. 우리가 경험을 말하고 전할 때, 그것은 허구가 아닌 사실 위에 놓고 시작해야 한다는 것을 명심하자.

chapter 03

차별화 된
그 무언가

자신의 경험을 선택해서 빛이 나도록 하는 작업은 결국 과거의 특정 경험에 현재의 생명력과 생동감을 불어 넣는 일이다. 그러기 위해서 집단의 경험, 사회적 맥락이라는 보편적 경험 요소를 뽑아내서 남들이 '공감'할 수 있게 해야 한다. 경험을 새롭게 스토리텔링해서 흥미로울 뿐만 아니라 의미와 교훈까지 찾을 수 있게 재구성하면, 낡고 먼지가 쌓여있던 경험은 현재의 보물, 가치 있는 콘텐츠로 재탄생한다.

어제 아침 6시와 오늘 아침 6시, 같을까? 다를까?

모든 경험은 단 한 번뿐이다. 연습과 훈련의 경험, 실전의 경험은 있을지라도 경험을 연습하는 것은 불가능하다. 연습 경험은 있어도 경험 연습은 있을 수 없다. 멈춤 없는 시간의 흐름 속에 모든 경험은 유일하고 고유한 경험의 좌표값을 갖기 때문이다.

우리가 살아가면서 겪는 경험은 크게 특별한 경험과 반복적 경험으로 구분해 볼 수 있다. 평일 아침 일어나 씻고 출근길을 뛰어나가는 일상적 경험, 하루 일과를 마치고 비슷한 시간에 같은 교통 편으로 귀가하는 경험은 그날이 그날같이 반복되기에, 일회적이고 고유하게 느껴지지 않을 수 있다. 하지만 이 모든 경험이 단 한 번이라고 깨닫게 되면 반복적 경험도 특별한 경험이 된다. 그러려면 우리는 유사한 반복 경험에서 같은 점도 비교할 수 있고, 세부적이지만 다른 점을 포착 해내는 능력을 날카롭게 발달시켜야 한다. 그렇게 되면 더 많은 것을 볼 수 있게 된다.

최근 몇 년 간 나는 평일 아침 똑같은 시간에 일어나 똑같은 행동을 하고 집을 나서서 똑같은 길을 통해 일하러 갔다. 쳇바퀴 돌 듯 반복되는 일상에서 그날의 느낌을 다르게 감지하게 하는 것은 대기의 상태, 바로 날씨이다.

한여름 아침 6시, 도시 풍경은 비슷비슷하지만 이미 햇살이 뜨거운 날이 있고, 구름이 끼어 조금 선선한 날이 있고, 비가 내리는 날이 있고, 바람 부는 날이 있어 다 다른 것이다. 같은 계절의 같은 시간대도 매일 다른데 다른 계절의 같은 시간대가 같을 리 없다. 여름과 겨울의 같은 시간대, 같은 경로의 아침 길을 비교해 보면 깜짝 놀랄 만큼 다르다. 겨울의 아침 6시는 한밤중처럼 깜깜하다. 여름에 일하러 갈 때는 이미 해가 중천에 떠 있는데 겨울에는 첫 일을 마치고 나와도 아직 어둑어둑하다.

같은 시간대 하나만 놓고 비교해 봐도 경험의 느낌이 이토록 확연히 다름을 알 수 있다. 우리가 어떤 경험을 비교 분석할 때, 가장 기본이면서 유용한 것이 공통점과 차이점을 발견하는 것, 그리고 공통점의 근원과 차이를 만드는 원인을 찾아내는 일이다. 예를 들어 매일 퇴근하는 같은 길이어도, 폭설이 쏟아져 교통대란이 일어난 어느 겨울밤의 장면은 뇌리에 훨씬 또렷하게 각인되어 있을 것이다.

반면에 특별한 경험은 연도와 날짜까지 기억날 가능성이 높다. 길을 가다가 어디선가 익숙한 노래가 흘러나오면 반사적으로 어느 시절 어떤 장면이 떠오르는 경험은 누구에게나 있을 것이다. 얼마 전 어느 식당에서 흘러간 옛 노래가 흐르고 있었다. 여행스케치의 '별이 진다네'라는 노래였다. 이 노래를 듣자 자동으로 떠오르는 경험이 있었다.

2003년 9월 초 늦여름, 나는 지리산 노고단에 차를 세우고 천왕봉을 향해 오르고 있었다. 한참 더워 비 오듯 땀을 흘리며 걷고 있는데, 저녁 무렵 빗방울이 떨어지기 시작했다. 지금은 없어졌지만 당시에는 뱀사골에 산장이 있었다. 컵라면을 사 먹고, 침낭을 빌려 이층 침대에 일찌감치 몸을 뉘고 잠들었다. 한참 자다가 눈이 떠졌고, 잠에서 깬 김에 화장실에 가기 위해 산장을 나왔다. 새벽 1시 무렵 밤하늘은 맑게 개어 있었고, 하늘에는 쏟아져 내릴 듯 많은 별들이 반짝이고 있었다.

나는 그렇게 별이 많은 하늘을 처음 보았다. 그때 허리춤에 MP3 플레이어가 걸려있었다. 지금은 찾아보기 어려운, 스마트폰에 결합된 음악을 듣는 전자제품이었다. 노래를 고르지 않고 랜덤 플레이 버튼을 눌렀는데, 그때 여행스케치의 '별이 진다네'가 흘러나왔다. 한 곡의 노래와 지리산 하늘의 쏟아질 듯한 별들, 그 사이에 서 있던 나 자신, 이유도 모르게 흐르던 눈물…. 이것이 귀를 파고든 옛 노래 한 자락이 끌어올린 과거 경험의 한 장면이다. 경험의 타래를 이어나가면 당시의 엄청난 이야기들이 소환되는 것이다.

특별한 경험은 당신 삶의 큰 덩어리를 함축하고 있는 경우가 많다. 당신은 어떤 노래를 들으면 어떤 시절의 어떤 장면이 떠오르는가? 그 경험이 담고 있는 당신만의 특별하고 고유한 비밀은 무엇인가? 당신이 자신의 경험을 활용하고 싶다면, 모든 경험의 일회성 속에 담긴 의미를 판독하는 능력을 키워야 한다. 그렇게 되면 우리의 많은 경험을 재생할 때마다 더 풍성한 의미를 확대 재생산할 수 있다.

보편적이지만,
특별하게!

우리가 살아오면서 쌓인 모든 경험을 빛나게 할 수는 없다. 하지만 우리가 세상에 소개하고자 골라낸 특별한 경험이라면, 이것을 반짝반짝 빛이 나도록 다듬어 보자. 작업의 대상으로 고른 경험은 특별한 경험이 좋다. 하지만 지나치게 특별한 경험은 나 자신에게만 특별해서 타인들은 공감하고 이해하기 어려울 수도 있다. 따라서 특별하되 보편성과 고유성을 갖고 있는, 균형과 비율을 갖춘 경험을 골라 빛나게 만드는 것이 좋다. 다수가 함께 경험한 역사적 집단 경험의 맥락을 깔아도 좋을 것이다.

나는 서울의 강북 지역, 동대문구와 성북구를 주요 무대로 학창 생활을 하며 성장했다. 그 지역의 번화가는 청량리와 돈암동이었다. 고등학교 시절에는 대학로가 주말이면 '차 없는 문화의 거리'로 운영되며 번성하기 시작했다.

　　대도시마다 지하세계가 존재하는 것을 아는가? 1990년대는 고도성장으로 인해 소비문화가 발전하기도 했지만, 양극화가 심화되면서 도시빈민이 다양하게 나타나기 시작했다. 이러한 사회 변화 속의 인간 군상을 무대 작품으로 잘 표현한 뮤지컬이 장기 상연되며 웃음과 해학 속에 현실의 문제와 슬픔을 담기도 했다. 1990년대 초반에 등장한 학전 소극장의 '지하철 1호선'이다. 그 시절 대학생들이 애창하던 민중가요 '아침이슬'의 작사 작곡자인 김민기 선생의 역작이었다. 원작은 독일 작품이지만, 당시 한국 사회를 원작보다 더 적나라하게 연출해서 성공한, 세계적으로도 호평받은 소극장 뮤지컬이다. 주인공들은 서울의 지하철 1호선, 서울역에서 청량리역 사이를 주요 공간으로 오가며 사연 있는 등장인물들의 스토리를 풀어낸다.

　　그런데 나에게는 이 작품에 몰입할 수밖에 없는 특별한 인연이 있었다. 매주 다니는 익숙한 공간이기도 했지만, 그때 청량리 지역과 깊은 관계를 맺는 경험이 있었던 것이다.

　　대학원에서 사회학 석사를 마치고 국회 산하에 민관합작으로 만든 연구재단에 취업을 했다. 정보화 관련 정책과 입법 데이터베이스를 구축하는 프로젝트도 흥미롭고 발전 가능성이 컸다. 그런데 여의도 국회와 관련된 연구 활동이 많아서 현실 정치를 너무 가까이서 지켜보게 되었고, 혈기왕성한 젊은이가 받아들이기 힘든 상황이 많았다. 타협하기 힘든 상황에 대한 갈등이 많아졌고, 급기야 정치와 관련된 일들에 발을 깊이 담그면 언젠가 개인의 꿈과 삶은 소멸되고 파멸될지도 모르겠다는 위기감이 느껴졌다. 여의도 정치판 가까이에 오래 머물러서는 안 되겠다고 생각한 나는 사표를 냈다. 그리고 향한 곳이 바로 청량리였다.

당시 그곳에는 '밥퍼 목사'로 통하는 최일도 목사가 청량리 역전과 인근 시장, 지하도를 도피처 삼아 살아가는 노숙자들에게 숙소와 식사를 제공하는 자선활동을 하고 있었다. 그는 나를 간사로 앉히고 작은 다락방에 〈도시문제 연구소〉라는 간판을 달았다.

"형제, 한 끼 밥과 하룻밤 잠자리는 저들에게 절박한 도움이지만 궁극적인 해결책이 되지 못한다오. 이 도시가, 이 나라가 저들을 방치하면 어둠의 힘이 멀지 않아 빛의 아이들까지 잡아먹게 될 것이오. 이 지점을 연구하시오."

청량리에는 갈 곳 없는 사람들의 노숙 생태계만 있는 것이 아니었다. 명백한 불법임에도 오랫동안 그곳에 있어온 사창가, 윤락가가 있었고, 시장에서 버려지는 먹거리를 주워 연명하는 독거노인 쪽 방촌이 있었다. 저소득층, 결손 가정 아이들은 거리에서 자라며 비행 청소년이 되었다. 그곳은 무료배식뿐 아니라 상담, 학교 밖 아이들에 대한 교육, 노인 지원 등 복합적인 문제 해결 활동이 필요한 대도시 서울의 블랙홀이었다. 희화화(戱畵化) 되고 노래로 전개된다는 형식만 다를 뿐 뮤지컬과 똑같은 아픔의 도시였다.

〈도시문제 연구소〉의 유일한 연구원이자 초대 간사로 일하면서, 국회와 관련된 일을 할 때는 느껴보지 못했던 보람과 열정을 느꼈다. 목사님이 작은 단체의 후원금에서 매월 활동비를 지급해 주는 것은 감사하기도 했지만 젊은 청년으로서 죄책감이 느껴지기도 했다.

그러던 어느 겨울날, 새로운 노숙자 한 분이 임시 숙소로 들어왔다. 그는 검고 낡은 가방 하나를 옆구리에 꼭 끼고 있었는데, 열어보니 솔이 다 닳은 칫솔들 한 뭉치와 전국 여러 지역 교회에서 발행한 주보가 또 한 뭉치 들어 있을 뿐이었다. 그것들을 왜 그렇게 소중한 보물처럼 간직했는지는 지금도 알 수 없는 미스터리다.

그를 숙소에 재우기 위해서는 먼저 씻기고 옷을 갈아입혀야 했다. 공중목욕탕은 심한 악취가 나는 그를 받아주지 않았다. 물을 한 솥단지 데워서 시장 안 수돗가로 가져가 그의 겉옷을 벗기기 시작한 나는 깜짝 놀라고 말았다. 얼마나 오랫동안 내복 위에 여러 벌의 티

셔츠, 그 위에 운동복, 그 위에 파카를 껴입고 생활했는지, 노폐물에 피부와 피복이 달라붙어 옷을 갈아입는 작업이 불가능했던 것이다. 하는 수없이 커터 칼을 가져다 손을 벌벌 떨며 옷을 켜켜이 벗겨냈다. 그 후에야 추위 속에서 그를 씻길 수 있었다.

그 시간과 과정은 사람이라는 존재에 대해 내가 가장 큰 충격을 받았던 직접 경험이다. 그를 벗기고 씻기고 새 옷을 입혀 숙소로 데려가는 동안, 그는 한 마디도 말을 하지 않았다. 말을 할 수 있는지 여부도 알 수 없었다. 자신의 이름도 모르는 것 같았고 주민등록도 없는 듯했다. 쇠락한 20대 청년인지 50대 중년인지 나이도 분간할 수 없었다. 무엇보다 그의 눈빛은 아무 것도 바라보지 않았고, 아무런 생각도 없어 보였다.

어떻게 현대에 이렇게 방치되고, 모든 희망을 상실한 사람이 존재할 수 있을까? 이 땅에 오직 이 한 사람만 이런 상황에 놓여있을까? 사회학도였던 나는 우리 사회에 대한 온갖 질문이 머릿속에 떠올랐고 혼란스러웠다.

며칠 후 나는 목사님에게 죄송하다고 말씀드리고 자리에서 물러났다. 그리고 돈을 아주 많이 벌어야겠다고 결심했다. 그때가 나에게는 가장 어둡고, 동시에 가장 빛나는 경험이었다.

당신 안의 연못을
들여다보라

자신의 경험을 선택해서 빛이 나도록 하는 작업은 결국 과거의 특정 경험에 현재의 생명력과 생동감을 불어 넣는 일이다. 그러기 위해서 집단의 경험, 사회적 맥락이라는 보편적 경험 요소를 뽑아내서 남들이 '공감'할 수 있게 해야 한다. 경험을 새롭게 스토리텔링해서 흥미로울 뿐만 아니라 의미와 교훈까지 찾을 수 있게 재구성하면, 낡고 먼지가 쌓여있던 경험은 현재의 보물, 가치 있는 콘텐츠로 재탄생한다.

그러기 위해서는 우리는 먼저 자신의 경험을 바라보아야 한다.

우리의 내면에는 경험의 연못이나 우물, 경험이 풍부한 사람에게는 경험의 호수, 경험이 아주 많은 사람에게는 경험의 바다가 있다. 의도적으로 어떤 경험을 건져 올리기도 하지만, 어떤 경험이 필요하고 가치 있고 타인에게 도움이 되는 것인지 모호할 때, 우리는 경험의 수면을 가만히 바라보면 된다. 거기에 지금 나의 모습이 비춰지면서 필요한 것이 스스로 떠오른다.

이것은 우연하게 벌어지는 것이 아니다. 지금 나의 상태와 과거의 경험이 내 상황의 표면과 내면의 공조 과정을 통해 우리에게 필요한 기억정보를 내어주는 과정이다. 자신의 판단력을 믿을 수 없을 때는 자신의 직관과 감각을 믿어라. 우리의 몸과 정신은 생각보다 잘 반응한다.

여름 소나기가 내리는 출근길에 흐릿한 물 비린내가 느껴질 때, 후각과 청각을 따라가 보라. 감각의 기억은 비 내리던 과거의 어느 시간으로 당신을 안내할 것이다. 그것은 처음 맡는 냄새가 아닌 것이다. 추운 겨울날 집 밖으로 나섰더니 코끝이 찡하며 코털이 쫙 달라붙는 느낌이 들면, 과거의 어느 겨울날 그런 추위를 느꼈는지 타임 워프 할 수 있는 기회가 온 것이다.

때로 분명 처음 겪는 시간인데도 언젠가 벌어졌던 일을 다시 겪는 듯한 느낌이 들 때가 있다. 기시감 혹은 데자뷰라고 말하는 현상이 바로 현재와 과거의 경험이 싱크로나이즈 되는 현상일 수 있다. 심지어 우리는 오래 전 꾸었던 꿈까지도 기억한다. 물론 아주 인상적인 소수의 경험에 한해서지만 말이다.

일상 속에서 이렇듯 감각의 경험을 차분하게 잔잔히 들여다보며 경험의 연못 속에 가라앉아 있던 어떤 것을 떠오르게 하는 활동, 이것이 경험을 관조하는 일이다. 종교적으로 묵상, 명상이라고 부르는 수양과 비슷하다고 할 수 있겠다.

20대 후반이 된 딸이 운전면허를 따고 새 차를 뽑아 초보운전을 시작했다. 주말이면 딸이 운전하는 차 조수석에 타고 시내 여기저기를 다니는 일은 즐거웠다. 그러던 어느 날 운전 연습 중 문득 떠오르는 장면이 있었다.

딸아이가 네댓 살 무렵, 집에서 전화가 걸려왔다. 딸이 갑자기 고열이 나면서 까무러쳐 병원 응급실로 실려 갔다는 급한 소식이었다. 병원으로 달려가 보니 인사불성이었다. 뇌 사진을 판독한 결과 뇌수막염이었고, 심하면 뇌에 이상이 생겨 평생 장애가 생길 수도 있다는 설명을 들었다. 다행히 며칠 입원해서 치료받고 회복이 되었는데, 그 기간 동안 얼마나 걱정을 했는지 모른다.

하루는 병실에서 아이의 침대 곁을 지키다 까무룩 잠이 들었다. 할머니와 아이가 손을 잡고 걸어가고 있었다. 그런데 대기의 질이 낯설어 잘 살펴보니, 하늘이라고 생각했던 것은 하늘이 아니라 수면이었다. 바다 속이었을까? 머리 위에서 출렁거리는 물결을 따라 들어오는 빛이 사방에 일렁거렸다. 딸이 할머니에게 조잘조잘 말하는 것이 들렸다. '할머니, 사는 게 뭐야?' '할머니, 죽는 게 뭐야?' '할머니, 사랑이 뭐예요?' 할머니는 뒤를 돌아 나를 보며 말했다. '어휴, 얘 좀 봐라. 요렇게 어린데 똑똑하네.'

그리고 깨어나니 꿈이었다. 꿈속의 그 장면과 목소리는 오랫동안 선명하게 기억에 남아 있었다. 명절에 할머니와 손녀가 도란도란 이야기 나누는 걸 보면 그 꿈이 떠오를 때가 있다.

어떤 급박한 상황에서 들려오는 철학적, 존재론적 목소리가 있다면 그 질문들을 따라가라. 답을 찾아도 좋고, 답을 남겨두어도 좋다. 언젠가 멀게 느껴지는 경험 속에서 지금의 소중함을 다시 생각해볼 수 있다.

당신에게 최고의 냄새는
어떤 경험에 묻어 있는가?

우리 인간에게 냄새란 참 묘한 것이다. 우리의 감각 중 후각은 촉각, 시각, 청각보다 더 오래된 감각이라고 한다. 우리 콧속에 집중되어 있는 후각 수용체는 그 유전자 종류만 400여 개라고 알려져 있다. 그런데 하나의 수용체가 한 냄새만 담당하는 것이 아니어서, 우리 뇌에서 종합될 수 있는 냄새의 종류는 엄청나게 많다고 한다. 그래도 인간의 후각은 다른 동물에 비해 상당히 떨어지는 편이다. 우리의 반려동물인 개는 인간에 비해 10만 배 발달한 후각으로 많은 것을 구별해 낸다.

그래서 후각을 통한 정보, 냄새는 표현하기 애매한 경우가 많다. 지금 이 냄새를 뭐라고 어떻게 설명해야 할지 쉽지 않아서 묘하다고 말하는 것이다. 그럼에도 어떤 냄새는 우리가 의식하기도 전에 우리를 자극하고, 내면에서 어떤 반응을 이끌어 내는 경우가 많다. 후각은 경험을 끌어내는데 매우 즉각적이고 빠른 고리 역할을 한다.

지금 한 번 생각해 보라. 냄새를 연상할 때 나에게 가장 먼저, 인상적으로 떠오르는 냄새는 어떤 것인가?

사람의 체취도 중요하게 각인된 냄새의 경험이다. 어릴 때부터 나를 사랑해 준 할머니의 냄새, 어머니의 냄새는 음식이나 여인들의 옛날 재래식 화장품 냄새일 수도 있다. 할아버지와 아버지의 냄새는 조금 고약하게 기억되는 경우가 많은데, 담배 냄새와 섞여서 그런 느낌이 들 수도 있다. 1970년대와 80년대만 해도 담배의 폐해에 대한 경각심이 없어서 안방에 재떨이가 있었다. 아이들이 있어도 방 안에는 담배 연기가 자욱했고, 재떨이에 꽁초가 수북했다.

심지어 버스 좌석 뒤에도 재떨이가 달려 있을 정도로, 대중교통 안에서 담배를 서슴없이 피웠다. 버스, 기차, 비행기 좌석에서도 흡연이 가능했고, 영화관에 가면 이곳저곳에서 담배연기가 피어올랐다. 불과 수십 년 전까지도 지금 생각하면 그런 사회였다니 놀랍기만 하다.

물론 담배 냄새는 할아버지와 아버지에게서만 나는 것은 아니었다. 동네 골목, 양지바른 쪽에는 줄담배를 태우는 할머니들도 계셨다. 사실 돌아가신 외할머니도 골초셨다. 당시에는 젊은 여성이 카페나 주점을 포함한 공공장소에서 담배를 피우면 중장년 세대 남성이 훈계를 했고, 시비가 붙는 일도 종종 있었다. 지금으로 치면 꼰대 중의 상 꼰대인 셈이다. 하지만 동세대 남성들 일부에게는 담배 피우는 여성의 모습이 선망의 대상이 되기도 했다. 립스틱 묻은 담배는 아름답다며 찬탄하는 유명 시인의 시도 있었으니 말이다.

담배 냄새 이야기를 하다 보니 문득 초등학교 시절 경험이 떠오른다. 방과 후 집 근처 골목에 접어들면, 강력한 유혹이 자리 잡고 있었다. 골목 밖으로 큰 창을 내고 떡볶이를 만들어 파는 동네 할머니가 계셨던 것이다. 그 떡볶이는 지금도 떠오를 정도로 맛있었는데, 그 할머니가 신당동에 사셨다면 마복림 할머니와 쌍벽을 이루었을지도 모르겠다. 그래서 참새가 방앗간을 그냥 지나치지 못하는 것처럼, 떡볶이 한 접시를 사 먹고 집으로 들어가곤 했다.

할머니의 떡볶이 가게는 무척 단출했는데, 창틀에 똑같이 생긴 두 개의 유리병이 있었다. 할머니의 입에는 늘 담뱃재가 금방이라도 떨어질 한 담배꽁초가 물려 있었는데, 두 개의 유리병 중 하나는 바로 재떨이였다. 나는 주걱으로 젓고 있는 떡볶이 냄비에 재가 떨어지지 않을까 불안해서 눈을 뗄 수 없었는데, 담뱃재는 정확히 유리병으로 들어가곤 했다.

나머지 유리병 하나는 가끔 떡볶이에 뿌려주는 조미료 병이었다. 나의 또 다른 고민은 '저 두 개의 병을 잘 구분하실까' 하는 의구심이었는데, 어느 날 담뱃재가 담긴 유리병을 조미료처럼 툭툭 뿌리는 떡볶이 할머니의 손을 보고야 말았다. 나는 그날 이후 며칠 동안 먼 골목으로 돌아서 집으로 갔고, 그토록 좋아하던 떡볶이를 끊었다. 하지만 며칠뿐이었다. '그날 딱 한 번 실수하신 거겠지' 하며 마음속으로 타협을 하고, 다시 떡볶이를 사 먹었다. 떡볶이는 여전히 맛있을 뿐이었다. 내 기억 속의 담뱃재 마약 떡볶이의 추억이다.

다시 냄새로 돌아가자. 누군가와 마시던 어떤 와인의 향, 사귀던 사람이 즐겨 뿌리던 특정 브랜드의 향수 냄새는 상대가 사라져도 우리를 끈질기게 붙들고 있다. 당신에게 최고의 냄새는 어떤 경험에 묻어 있는가? 또 최악의 냄새는 어떤 경험과 함께인가? 당신의 경험 이야기를 듣고 싶다.

성공이 보장된
장르

경험을 냄새 맡는 작업은 두 가지 방식으로 적용이 가능하다. 좁은 의미로는 말 그대로 어떤 후각적 정보에 의한 연상이 과거 경험 정보를 끌어올릴 수 있다. 보다 넓은 의미로는 우리가 일상에서 '냄새 맡았다'고 할 때 후각을 통한 것이 아니라 '어떤 사건의 실마리를 잡았다거나 단서를 잡았다, 또는 정황을 파악했다'는 표현으로도 쓴다는 것이다.

먼저 좁은 의미의 경험의 냄새를 떠올리고 분석해 보고 기록하는 것에 그 의미가 있다. 하지만 넓은 의미의 냄새 경험을 '냄새'의 카테고리에 포함해 두는 것도 좋은 확대 적용의 예이다.

이렇듯 협의와 광의의 적용은 우리의 모든 감각에 적용된다. '보다'라는 시각적 정보의 경험도 반드시 시각이라는 감각적 경험만이 아니라 미래를 보다, 이면을 보다, 돌아가신 조부모님을 보다, 꿈에서 보다 등 감각 이상의 표현으로 흔히 쓰인다. '듣다'는 청각, '만지다'는 촉각도 마찬가지이다. 하지만 '맛보다'는 미각적 경험만큼 폭넓게 쓰이는 표현도 없을 것이다.

　　'맛'이라는 감각이 우리말에서 맛을 의미하는 한자 미(味)와 함께 얼마나 다양하게 활용되는지 보자. 재미는 순우리말로 쓰지만 비슷한 단어로 흥미가 있어 '맛'의 확장으로 느껴지며 묘미, 의미 등 보다 복잡하고 심오한 표현에도 '맛'이 들어간다. 그리고 무르익은 것을 가리켜 '맛이 들다,' 정상 상태를 벗어난 듯한 모습과 태도에 대해 '맛이 갔다' 등의 표현도 맛깔나게 쓰인다. 그만큼 '맛'은 우리의 삶 속에 밀접하고 중요한 비중을 갖는다. 모 광고에 '씹고 뜯고 맛보고 즐기고, 이것이 삶의 행복이죠.'라는 카피가 나오는데 가히 틀린 말이 아닌 것 같다. 음식을 맛보고, 관계를 맛보고, 문화를 맛보고, 삶을 맛보는 것의 기쁨과 즐거움을 우리는 이미 잘 알고 있지 않은가?

　　그래서 '맛'에 집중해서 우리의 과거 경험을 정리하는 것은 그 경험의 재료가 좋은 것은 좋은 대로, 나쁜 것은 나쁜 대로 풍부할 것으로 기대된다. 그럴 수밖에 없는 것이, 우리의 경험 중 가장 많은 경험의 무대와 소재는 의·식·주에 집중될 수밖에 없기 때문이다. 특히 먹는 활동은 살아가면서 가장 자주 접하고 섭취하고 품평하는 것이니 당연한 것이기도 하다. 콘텐츠로서도 가장 잘 나간다. 기성 미디어, 신문, 잡지, TV, 라디오에도 맛집 소개와 탐방, 먹방, 쿡방, 레시피 소개 등이 단골 메뉴이고, 뉴미디어에는 아예 유명 유튜버 군이 존재할 정도로 어느 정도 성공이 보장된 장르이기도 하다.

해외여행을 할 때도 가장 중요한 묘미가 현지 음식을 먹어보고 느끼는 일이다. 해외 패키지여행에서 단체로 한식당만 찾아다니거나 맥도날드 같은 글로벌 패스트푸드에서 끼니를 해결하는 것은 결코 권장하고 싶지 않다. 그것이 익숙하고 편하고, 경제적으로 여비 절감이 된다 해도 말이다.

현지의 맛을 느끼고 돌아오면 새로운 영역이 펼쳐진다. 베트남 음식점이나 정통 중국 음식점에 가서 '고수와 산초를 빼고 주세요' 한다면 그것은 한국식 쌀국수, 한국식 우육탕면을 먹는 것에 불과하다. 나는 해외여행을 가면 꼭 현지 시장 좌판에서 현지인이 먹는 식사를 맛본다. 베이징 왕푸징 거리의 지네 튀김까지는 시도하지 못했지만 말이다. 해외 출장에서 호텔 조식 뷔페를 가면 일식인 나또를 꼭 한 종지씩 먹는다. 처음에는 입맛에 맞지 않았지만, 일본식 메주콩이구나 생각하며 먹다 보니 익숙해지고 좋아하게 되었다.

첫맛이 낯설어 불편하고 불쾌했던 경험을 극복하면 맛의 새로운 지평이 열린다. 나에게는 홍어의 맛이 그랬다. 서울 토박이였던 나는 성인이 될 때까지 삭힌 홍어를 먹어본 일이 없었다. 그런데 어느 날 전남 출신 유명 정치인이 저녁 초대를 해서 갔더니, 합정동의 유명한 홍어 음식점이었다. 처음 먹었을 때는 후각과 미각이 톡 쏘고 얼얼해서 무슨 맛인지 몰랐는데, 비싸고 귀한 음식을 대접받는 자리라 맛있는 척 잘 먹었다. 내 비위가 좋은 편이어서 다행이었다. 호스트는 내가 잘 먹고 좋아한다고 생각했는지 두 번째 초대를 해왔다. 두 번째는 첫 번째 시도보다는 덜 괴로웠는데 맛있다고 느끼지는 못했다.

그리고 시간이 한참 흘렀다. 소주와 막걸리가 당기던 어느 비 내리는 날, 문득 홍어의 맛이 떠오르면서 먹고 싶다는 욕구가 내면에서 올라왔다. 그날 저녁 그 집을 찾아가 한 접시를 시키고, '바로 이것이 홍어의 맛이로구나!' 각성하면서 홍어를 음미할 수 있었다. 그 경험 이후로 나는 홍어요리를 꽤 좋아한다.

유럽 음식을 비교할 때 프랑스 요리를 으뜸으로 치고 영국 음식을 폄훼하는 경우가 많은데, 나는 반대 입장이다. 프랑스 요리는 별맛 없는데 설명이 장황하고 비싸다. 영국 음식은 피시앤칩스 밖에 없다고 하지만 동네의 정평 있는 집에서 피시앤칩스와 로컬 맥주 한 잔을 마시면 너무나 맛있었던 경험이 많다.

사족을 하나 붙이자면, 세계 금융의 중심지라는 런던의 중심가인 본드 스트리트(Bond Street)에 '체(Che)'라는 레스토랑 겸 시가 바가 있다. 음식 맛도 좋았지만 식후에 시가를 피워 물고 벽에 빼곡히 걸린 사진을 보며 즐기는 또 다른 재미가 있었다. 그곳의 손님들은 대부분 금융업 종사자나 은행가, 캐피털리스트나 투자자 아니면 큰 손이거나 비즈니스 야심가들이었다. 레스토랑 이름은 쿠바의 혁명가 체 게바라에서 따 왔고, 벽의 사진들은 모두 체 게바라가 시가를 피워 문 멋진 모습들이었다. 자본주의 심장부에 혁명가의 초상이 있다는 것이 이색적이었지만, 칼 마르크스도 런던에서 자본론을 썼으니 이상할 것도 없다는 생각도 들었다. 여러 가지 생각의 맛을 준 식당이자 사색의 장소였다.

딱딱한 껍질을
깨고 나오는 법

우리가 모르는 사이에 경험은 우리가 살아온 만큼 우리 안에 쌓인다. 경험은 우리가 표면에서 느끼고 추정하는 것보다 양적으로는 방대하고, 질적으로는 심오하다. 그런데 내 안에 축적되어 있음에도 내 마음대로 통제되지 않는 것이 또 내 경험이다. 왜냐하면 우리가 오랫동안 나의 경험에 주목하지 않고, 방치해 두었기 때문이다.

경험은 무생물이 아니다. 경험은 살아있다. 우리 내면의 다락에 쌓여 있던 경험은 일부가 유실되기도 하고, 부패하기도 하고, 우리가 정작 필요해서 꺼내려고 하면 딱딱한 껍질이 덮여 속살을 끄집어내기 어려울 때도 있다. 그렇게 포기하면 경험은 다시 방치 상태로 돌아간다. 그래서 내 안의 보물은 그냥 그렇게 있다.

이 장에서 나는 경험을 꺼내서 맛보라고 권하고 강조하고 있다. 요리조리 뜯어보고 냄새도 맡아 보고 맛을 보라고 했는데, 그것은 먼저 딱딱하게 굳어진 경험의 껍질을 벗겨 내야 가능해진다. 그러니 예리한 의식의 이빨로 껍질을 뜯어내고 그 안의 과육과 과즙을 쪽쪽 빨아먹기로 하자. 이것이 바로 경험 뜯어 먹기다.

이러한 나의 생각과 일치하는 시가 있어 마지막 한 구절만 소개한다. 김승희 시인의 '세상에서 가장 무거운 싸움'이다. 시인은 아침에 눈을 뜨면 '당연'의 세계가 있다고 말한다. 이 '당연'은 '물론'의 세계와 한 통속이다. 당연과 물론, 이 모래사막에 빠지면 우리가 '매너리즘'이라고 부르는 관성에 갇혀 변화와 도전에 둔감해지고 발전이 사라진다. 우리 안의 경험 덩어리에는 우리가 찾아낼 보물 같은 가치가 가득하지만 당연과 물론, 매너리즘과 고정관념, 편견과 같은 불순물도 뒤섞여 있다. 그런데 신선한 자양분은 주로 가라앉고, 우리가 매일의 경험에서 반복적으로 활용하는 것은 어쩌면 불순물 쪽이 더 많지 않은가?

당연의 세계는 물론의 세계를 길들이고

물론의 세계는 우리의 세계를 길들이고 있다,

당연의 세계에 소송을 걸어라

물론의 세계에 소송을 걸어라

나날이 다가오는 모래의 점령군,

하루 종일 발이 푹푹 빠지는 당연의 세계를

생사불명, 힘들여 걸어오면서, 세상에서 가장 무거운 싸움은

그와의 싸움임을 알았다,

물론의 모래가 콘크리트로 굳기 전에

당연의 감옥이 온 세상 끝까지 먹어치우기 전에

당연과 물론을 양손에 들고

아삭아삭 내가 먼저 뜯어먹었으면.

이 시의 마지막 대목처럼, 우리는 경험을 아삭아삭 뜯어 먹어 볼 필요가 있다. 우리의 소화기관이 정교한 메커니즘으로 음식물을 에너지로 전환시키고, 독성을 중화하고 배출하고, 불순물을 분리배출하는 과정을 매 순간 반복하는데 비해, 우리는 정신의 자원을 제대로 소화시키는 데 많이 게을렀으니 말이다.

몸은 저절로 움직이지만 우리의 생각은 생각을 해야 정리되고

작동한다. 우리가 그 방법을 모른 채 너무 오래 살아온 것이 문제다. 이러한 문제점을 인지했다면, 이제부터라도 우리는 달라져야 한다. 냉장고를 열어 신선한 우유와 과일을 꺼내 꿀꺽꿀꺽 아삭아삭 먹듯이, 연한 경험은 마시고 오래되어 딱딱해진 경험의 껍질에는 의식의 이빨을 박아 넣자. 그러면 우리의 삶이 바뀌고, 나의 경험이 생명력을 얻어 되살아날 것이다. 의식의 한가운데 도마를 올려놓고, 경험이라는 재료를 꺼내 자르고 다지고 주물러야 한다. 그러면 우리의 경험은 색다르고 맛있는 음식이 되어 사람들 앞에 놓일 수 있을 것이다.

나 자신의 소소한
역사를 연구하라

　많이 사용하면서도 그 뜻을 제대로 이해하거나 실행하지 못하는 식상한 단어가 '성찰'이다. '성찰'이라는 단어가 한때 지식인 사회에서 사랑받았던 표현이었음을 생각하면 아이러니한 변화가 아닐 수 없다.

　이제는 종교 영역에서나 남아있을 단어를 최근에는 정치인들이 간혹 사용한다. 하지만 정치인들이 '성찰'을 거론할 때는 의심해야 한다. 타인의 잘못에 대해서는 성찰이라는 표현을 쓰지 않기 때문이다. 반성, 사죄, 석고대죄하라고 상대방을 공격하다가 자신의 허물이 드러나면 모호하게 '잘 성찰하겠습니다.' 라는 식이다. 그런데 이것도 정치권 화법이 성찰에 대해 잘못된 편견을 만드는 셈이라 마음에 들지 않는다.

성찰은 반성과 다르다. '반성'은 잘못한 것은 없는가에 초점을 맞추어 과거를 돌아보는 것을 의미한다. 성찰은 반성을 더 확장하여, 반드시 잘못한 것만이 아니라 내가 지난 시간 속에서 걸어오고 행동한 다양한 요소를 깊이 들여다보고 그 안에서 의미와 교훈을 건져 내는, 보다 넓고 깊이 있는 자기 분석이다.

재미있게도 사람들은 반성과 성찰이 영어로 같은 단어일 것으로 생각한다. 하지만 사실은 다르다. 반성은 'self-reflection'으로, 거울에 자기 자신을 비추어 스스로를 돌아보는 장면을 표현한다. 성찰은 'reflection'으로, 자신을 중심에 둘 수밖에 없지만 자신과 주변 세상의 관계까지를 조망하면서 전반적인 환경과 상황과 나와 주변 요인의 연결망과 그 역동까지를 종합적으로 진단해 보는 과정이다.

우리는 경험을 성찰해야 한다. 어쩌면 경험을 관조하기에서 언급한 묵상이나 명상의 질적 심화단계가 성찰일 수도 있다. 유사성도 있다. 하지만 이론적 구분일 뿐, 관조와 명상과 성찰이 자로 잰 듯 구분되지는 않는다. 중요한 것은 그것이 무엇인지 정의하려는 노력이 아니라, 실행을 통해서 경험적으로 각각을 구분하고 느끼고 깨닫는 것이다.

과거에 지식과 지성의 활동에서 사랑받던 '성찰'이 사라져 가는 이유는 사람들이 과거를 돌아보지 않기 때문이다. 이제 사람들은 지난 시간을 다시 비추어 보는 일에 의미와 가치를 두지 않는다. 그럴 시간도 없다. 우리의 눈과 관심이 온통 '미래'에 쏠려 있기 때문이다. 물론 미래를 대비하는 것이 나쁘지는 않다. 급격한 변화가 오고 있고, 그 닥쳐오는 변화 속에 수많은 위험이 포함되어 있는데, 미래를 대비하는 것이 나쁠 리가 없다. 오히려 반드시 필요한 일이다.

미래는 실현되지 않았기 때문에 불확실성으로 가득한 세계다. 불확실성은 우리에게 여러 가지 불안을 느끼게 하고, 우리는 그 불안을 심리적으로라도 해소하고 싶어 한다. 당연한 일이다. 그런데 그 해소의 방법을 밖에서, 남들에게서, 다양한 통계와 마찬가지로 불확실한 미래예측, 미래학 등등에서 찾으려는 과도한 관심과 에너지 낭비가 문제다.

그나마 역사에 관심을 갖고, 역사 콘텐츠를 흥미로워 하고, 역사물의 인기가 식지 않은 것은 집단 경험 속에서 교훈을 찾는 일이기에 다행스럽다. 하지만 거시적인 역사를 연구한다고 해도 내 문제의 해답이 나오지 않는다는 것을 알아야 한다.

더 중요한 것은 나 자신의 소소한 역사다. 자신의 역사를 연구하라. 그것이 나 자신의 역사를 탄탄하게 만드는 것이고, 외부 환경

변화에 대해 나만의 적응과 대응의 방법론을 구축하는 길이다. 경험을 성찰하는 것은 경험의 가치를 찾고 고양시키는 작업에서 경험의 신진대사를 촉진하는 중요한 과정이다. 이제부터라도 함께 실행해 보자.

실패야말로
최고의 자산이다

누구나 고통보다는 쾌락을 좋아하고, 지는 것보다는 이기는 것을 좋아한다. 실패보다 성공을 지향하는 것은 지극히 당연하고 정상적인 본능이다. 성공과 승리와 행복과 쾌락처럼 좋은 것들이 우리 삶 속에서 더 드물기 때문일 것이다. 우리의 삶에서 좋은 것들은 희소하고, 힘들고 귀찮고 어렵고 고통스러운 과제와 짐들은 많다. 그러다 보니 좋은 것은 귀하게 여기고 추구하지만, 실패의 경험은 쓰레기통과 하수구에 미련 없이 던져버리는 경우가 많다.

하지만 성공과 실패의 콘트라스트, 빛과 어둠의 명암은 상대적인 것이다. 실패의 아픔을 알기 때문에 성공이 달콤한 것이다. 경기에 나서기만 하면 1등 하는 사람이 성취의 기쁨을 얼마나 느낄 수 있을까? 실패의 쓴맛을 꼭꼭 씹어서 음미하라. 그 안에 인생의 중요한 가치가 숨겨져 있다.

이제부터 당신의 경험 중에서 가장 어두웠던 실패의 경험을 끄집어내 보기로 하자. 가만히 들여다보면 우리는 다양하고 어두운 경험들을 많이 숨겨두고 있다. 선택의 기회가 주어진 것은 아니지만, 어쩌면 당신은 가난한 가정환경에서 태어나 궁핍한 생활 속에 고통받았을 수 있다. 엄하고 억압적인 부모님 때문에 하고 싶은 진로를 감추고 엉뚱한 진로를 택했을 수도 있다. 우리 사회에는 12년간 성실하게 학업에 매진했지만 입시에 실패하고, 성인이 되어서도 뜻대로 되는 것이 없어 좌절감을 일찍 맛보는 젊은이들이 많다. 취업도 마찬가지다. 연애도 내 맘대로 되지 않는다.

대중음악은 물론이고 허다한 영화, 드라마, 문학 작품 속에 사랑의 실패, 실연과 비극 이야기가 담겨 있다. 예상치 않았던 사고가 터지면 건강을 해치기도 하고, 돈 문제가 터지기도 한다. 믿었던 사람의 배신도 있고 사기를 당해 희망과 기대가 절망과 분노로 바뀌기도 한다. '인생은 전쟁터'라는 말이 있는데, 어찌 보면 눈에 보이는 적보다 무서운 실패의 지뢰밭이 우리 앞 곳곳에 매설되어 있다.

문제는 실패가 극복해야 하는 인생의 함정이라면 실패의 골짜기를 벗어나는 유형은 단기와 장기로 나뉜다는 점이다. 실패를 극복하기 위해서는 이 사실을 명심해야 한다. 예를 들어 열심히 준비한 자격시험에서 떨어졌다. 안타까운 실패지만 이런 유형의 실패는 부족했던 점을 보완해서 다음 시험에 재도전하는 과정으로 연결된다. 더 어려운 실패의 암흑기는 쉽게 빠져나올 수 없는 구조적 중력이 장기간 작용하는 경우다. 이런 암흑기는 주로 경제적 압박과 함께 작용하는 경우가 많다.

　　나의 경우, 인생에서 가장 큰 실패는 2002년에서 2004년에 걸쳐서 나를 덮쳤다. 30대 초반이 되도록 큰 풍파 없이 평탄하게 성장하며 자존감 높고 자신감 있는 청년이었지만 삶에는 실패량 보존의 법칙 같은 것도 있는 모양이었다. 겪어야 할 것은 결국 겪어야 하고, 일어날 일은 일어나기 마련이다.

　　한창 사업을 일구며 8살 딸 바보 아빠였던 서른여섯에 늦둥이 아들을 얻었다. 너무 행복하고 좋았다. 분만실에 들어가 둘째의 울음소리까지 듣고 회사에 출근했는데, 집에서 급한 연락이 왔다. 산부인과에서 출생한 아이 상태를 검사하는데 심장소리가 이상해서 큰 병원으로 이송 중이라고 했다. 신생아 중환자실로 달려가 보니, 아이는 심장에 선천성으로 복합적인 문제가 있었다. 오랜 기간 크고 작은 시술과 수술이 이어졌고, 아빠와 아들의 교감은 입원 생활에서 많이 이루어졌다. 지금은 아빠보다 덩치 큰 청년이지만, 아기 때 모습이 떠올라 짠한 마음이 들 때가 있다.

열광했던 한일 월드컵이 끝나고 둘째가 태어난 이듬해인 2002년 추석 무렵, 한동안 호황이던 IT 벤처 버블이 꺼지면서 업계에 큰 파고가 닥쳤다. 회사에 부도가 났다. 수주와 매출이 충분했음에도 흑자도산을 하게 된 것이다. 보수적으로 경영했으나 재래식 재무제표 중심 경영이 문제였다. 사업에서 중요한 것은 현금 유동성이었다. IMF까지 돌파하며 8년간 성장시켰던 회사를 뼈아팠지만 2003년 폐업하고 정리했다.

그 해 가을부터 어제의 벤처 CEO는 신용불량 백수가 되었다. 미래는 막막했고 가족도 해체되었다. 두 아이와 아내는 친정의 도움으로 생활하고, 나는 이 긴 터널을 어떻게 빠져나갈지 고민의 나날이 시작되었다. 고민하다가 박사 과정에 진학했다. 당시 지도 교수님도 물었지만, 뒤늦게 학위가 필요하거나 교수가 되려는 것은 아니었다. 실패 과정을 지식과 이론의 틀로 분석해 보고 스스로를 방치하지 않고 어딘가에 소속되어 과제를 수행하는 루틴이 필요했다. 이 판단은 당시 나를 지탱시켜 주는데 효과가 있었다.

경제적 바닥을 겪는 것으로 불행이 끝난 것이 아니었다. 더 큰 슬픔들이 덮쳐왔다. 2004년 1월 말, 아직 젊은 아버지가 70대의 나이로 세상을 떠난 것이다. 새벽에 장남 품에서 평화롭게 임종하셨지만 공교롭게도 그날은 아들 사업에 보증을 섰던 부모님의 유일한 자산, 삼 남매와 가족이 평생 살아온 집이 경매로 넘어가는 날이었다. 어머니는 경매장으로, 나는 아버지를 모시고 영안실로 가며, 그 상황이 참으로 기가 막혔다. 무슨 불운이 경제난과 가족사의 비극으로 3년간 연속해서 한꺼번에 찾아온다는 말인가? 아버지의 발인 날, 나는 평생 가장 많은 눈물을 흘렸다. 그날의 기억은 시간이 흘러도 생생하다.

가장 어려운 시기에 부친상을 당했고 어린 둘째는 병원생활을 하고 있었으며 해결 불가능해 보이는 막대한 부채를 가지고 있었다. 이중 삼중으로 캄캄한 상황은 보이지 않는 고립이었고, 그동안 과대 평가된 자신감과 자존감을 무너뜨리고도 남았다. 하지만 무너지지 않고 바닥에서 버티는 법을 배워 나갔다. 그것은 하루하루 사는 것이었다. 어제를 버텨냈으니 오늘도 버텨야 한다. 오늘을 버틴다면 내일도 버틸 수 있을 것이다. 하루를 버티는 힘이 긴 실패의 기간을 걸어서 빠져나오는 동력으로 이어진다.

사람마다 경험하게 되는 인생 궤적이 다 다르기 때문에 행복과 불행의 비율은 계량화할 수 없다. 주관적 차이 때문에 사람마다 상대적으로 비교할 수도 없다. 동종 동시대의 운동경기 선수라면 함께 싸웠던 전적, 혹은 생애를 통해 이룬 기록을 비교 분석하여 우열을 가릴 수 있을지도 모른다. 하지만 이 경우에도 팬들의 사랑과 인기라는 질적인 지표를 잡는다면, 정량화된 기록의 숫자로 승패를 가르는 일은 불가능하고 또 무의미하다.

그래도 지금까지의 내 삶을 계량화해 보면, 지금까지 살아온 삶에서 승률을 48% 정도로 본다. 실패율이 52% 정도로 조금 높지만, 거의 반반에 가깝다. 이것은 매우 높은 승률이다. 예를 들어 야구선수 타율이 50%라면 그것은 어마어마한 수치 아닌가? 하지만 인생에서 중요한 것은 성공과 실패의 숫자와 비율이 아니다.

실패 경험에서 가장 중요한 것은 경험의 바닥을 통해 무엇을 보았는가 하는 것이다. 실패 경험을 잘 정리하고 활용한다면 그것은 실패가 아니다. 하지만 실패를 기억하기 싫은 어둠의 쓰레기통에 던져버리고 꺼내어 정리하지 않는다면, 그것은 실패 그 이상도 이하도 아니다. 여러분의 실패 경험도 정리되었거나, 정리할 수 있기를 바란다.

성공한 것은
습관화 하라

지금까지 성공의 오르막길을 걸어본 경험과 실패의 내리막 길을 걸어본 경험을 비교하면, 성공의 길에는 인지하지 못했던 위험 요인이 상당히 많았음을 알게 된다. 반대로 그저 암울하고 캄캄하고 막막했던 시기를 돌이켜보면, 추웠기에 그 따뜻함이 더 크게 느껴졌던 버팀목들이 나를 지켜주었음을 알게 된다. 그래서 우리가 바닥을 헤매던 그 어두운 시기를 평정심을 가지고 고찰해야 하고, 강조하건대 바닥에서 건져낼 경험들이 의외로 많다.

실패 경험과 반대로 성공의 경험은 기분 좋고, 신나고, 기쁘고,

즐거운 일이다. 그런데 이 좋은 경험이 왜, 어떻게, 어떤 노력의 요인들이 맞아떨어져서 이루어졌는지 모르거나, 잘못된 인식을 방법론으로 착각하는 경우가 많다. 이것은 아이러니가 아닐 수 없다. 그래서 우리는 종종 '운'을 이야기한다. "나도 몰라. 어떻게 그렇게 됐어. 운이 따랐나 봐."라고 하는 것이다.

성공 경험이 실현되기까지를 100% 운으로 돌리면, 그 사람이 다시 성공할 가능성은 확률에 맡기고 로또 복권이나 사야 할 것이다. 성공 경험의 과정과 순간으로 다시 뛰어들어보라. 성공으로 향해 가는 그 시시각각의 장면을 사진으로 찍듯 들여다보고 분석하라. 그리고 유사한 도전의 과정에서 적용하고 반복할 수 있는 것은 다시 그대로 실행해 보라.

당신의 성공에 2%, 10%, 또는 50%의 행운이 그때만 특수하게 작용했을 수도 있다. 하지만 실현된 성공의 기반은 당신이 만들어 낸 당신의 능력 속에 있었다. 그것을 찾아내야 한다. 그래야 다시 성공할 수 있다. 이것이 성공의 경험을 다시 다뤄야 하는 중요한 이유이고 가치이다.

나는 성공을 위해 할 수 있는 여러 노력에 더해져 작용했던 '운'이라는 것도, 밖에서 우연히 날아오는 외부 요인이 아니라고 본다.

'운'은 내 안에 내재되어 있는 하나의 '기운'이다. 운과 기운이라는 모호한 표현을 내 방식으로 표현한다면, 그것은 나의 가치관, 태도, 긍정의 언행이다.

태도 이야기를 하면 많은 이들이 고객 만족 교육처럼 태도를 꾸미라는 말로 이해하는 경우가 많은데, 그보다 더 본질적인 것이다. 진정성 없는 태도는 껍질일 뿐이기 때문에, 나의 포장일 수는 있으나 나 자신의 일부는 아니다. 그래서 성공과 관련된 태도를 나 자신의 일부 혹은 습관으로 만드는 공식을 반복적으로 실행하는 것이 중요하다.

아무런 낙과 희망이 없이 40대로 접어든 나날을 보내고 있던 2007년 어느 봄날, 나는 텅 빈 성당 안에 앉아 스테인드글라스를 통해 들어오는 햇살을 바라보며 기도를 올리고 있었다. 그때의 나는 기업체에서 불규칙하게 들어오는 교육 프로그램의 강사로, 의뢰가 있으면 가방을 싸고 차에 올라 어디든지 달려갔다. 지방 연수원에서 여러 기업체의 신입사원, 승진자 교육, 마케팅 커뮤니케이션 강화 프로그램 등을 운용하고 있었기 때문이다.

주된 강의 분야는 조직변화관리 전략으로, 나 스스로 '실패학'이라고 부르던 분야였다. 이것을 뒤집으면 실패 요인을 미리 대비해 생존하는 방안을 구축하자는 이야기가 된다. 경제 시장이 불확실하고 불안정한 시기에는 경영석학 피터 드러커가 강조했듯이, 일하는 조직이 학습조직이 되어야 생존 가능성이 높아진다. 그런데 불경기에는 오히려 교육 예산을 줄이는 것이 시장의 현실이다.

시간이 있으면 산책을 하다가 교회, 성당, 사찰, 공원 등 도심의 휴식 공간에 앉아서 사색에 잠겨 쉬곤 했는데, 머리로 생각하지 않았으나 입에서 저절로 기도가 나왔다. '이제는 다시 일해야 하지 않겠습니까? 이 터널을 벗어나야 하지 않겠습니까?'

그때 주머니 속 휴대폰이 울렸다. 국내 첫 온라인 취업 정보 사이트를 운영하는 상장사의 창업자였다. 그는 90년대 학생 커플로 창업하여 사세를 확장하며 시장을 한창 넓히고 있었다. 사업할 때 알고 지내던 사이였으나 이렇게 연락을 해온 것은 이례적이었는데, 내용은 간단했다.

"밥 한 번 먹어요."

우리는 약속을 잡았고, 식사 미팅 후 나는 그 회사의 임원이자 서비스 본부장으로 입사했다. 이 결정에 합의하고, 나는 창업자에게 물었다.

"왜 나를 선택했어요?"

"우리가 안 해본 걸 해보셨잖아요."

"그게 뭐죠?"

"실패요."

실패와 성공은 약간의 차이에 불과할지 모른다. 중요한 것은 그 경험들을 다루는 나의 관점과 태도이다. 나는 비즈니스 전쟁판에 다시 복귀했고, 몇 년 후 터널을 빠져나올 출발점에 섰다. 돌이켜 보면, 빠져나온 것이 성공이 아니라, 그 길을 시작할 기회를 갖는 것이 더 좋은 성공이었다.

그저 그런 경험은
그냥 쌓아두라

좋은 경험이든 나쁜 경험이든, 지금까지 우리가 찾아내고, 닦아내고, 분석하고, 재구성하여 가치를 부여하고자 했던 경험들은 자신의 기억 속에 중요한 자리를 차지하고, 인상적이고 의미 있는 것들이다. 얼마나 많은 경험이 우리에게 축적되어 있으며 지금 이 순간에도 우리의 감각과 인지과정을 통해 우리 내면의 창고로 흘러 들어오고 있는가 생각해 보라. 그 정보의 양 혹은 한 개인의 경험 세계는 또 하나의 우주 같은 것이다.

그런데 우리 경험들은 그것이 이것 같고, 저것도 그저 그런, 별로 인상적이지 않은 일상의 소소한 경험이 차지하는 비중이 훨씬 높다. 우리에겐 경험의 창고가 충분히 넓으니 이런 경험들도 쌓아 두라. 지나간 일기를 연도 별로 다락에, 종이 박스에 쌓아 두듯 쌓아 두라.

그러면 어느 날, 이 그저 그런 경험의 더미에서 빛이 나고, 그 경험들이 살아나 춤을 추고 생명을 얻는 것을 보게 될 것이다. 여러 분이 쌓아두고 있는 그저 그런 경험이 와인인지 된장인지 나는 아직 모른다. 하지만 단언컨대 그것들은 살아있고, 숨 쉬고 있고, 숙성하고 있다.

집단 경험 영역에서 이러한 일은 대중문화에서 다양하게 확인 된다. 나의 어린 시절, 대중문화에 관한 한 우리 젊은이들은 사대주 의에 빠져 있었다. 영화하면 할리우드였고, 음악하면 팝송이었다. 텔 레비전 명화극장이나 주말의 명화에서 '바람과 함께 사라지다', '벤허', '자이언트' 같은 작품에 압도되고, 학창시절에도 '록키', '람보', '코만도' 등 블록버스터에 빠져들었다.

이때 우리 영화는 '방화'라고 불렸고, 대중음악도 라디오 디제 이가 들려주는 팝송에 경도된 시절을 거쳤다. 비틀즈, 퀸, 딥퍼플을 거쳐 디스코 뮤직이 세계를 휩쓸며 마이클 잭슨이 등장했다. 그때 우 리 가요는 성인가요 트로트 중심에 대학가 가요제 정도가 청년 문화의 명맥을 잇고, 대학가는 오히려 사회 저항적 메시지를 담은 민중가요 중심의 문화가 자리를 잡고 있었다. 그래도 80년대 김광석, 김현식, 이문세, 유재하의 노래들이 있었고, 90년대에는 서태지와 아이들을 필두로 X세대가 등장하면서 스스로 문화 주체가 되어 즐기는 세대로의 전환이 나타났다.

이러한 20세기 후반 사회적 맥락 속에서 자신의 위치를 찾아보기 바란다. 당신의 10대, 20대 시절 어떤 영화가 인상에 남았고, 어떤 노래들을 주로 들었으며, 그 곡에 얽힌 어떤 개인적 추억이 있고, 어떤 브랜드의 옷들로 어떤 차림을 하고, 타인에게 어떤 존재로 보이기를 연출하고 기대했는지, 곰곰이 생각해 보면 어렴풋한 경험의 기억들이 떠오를 것이다.

서양 문물을 동경하면서도 국내 대중문화 스타를 선망하는 과도적 사회문화의 시기를 겪고, 중년의 나이가 됐을 때 의외의 곳에서 서글픈 경험을 할 때도 있다. 조그만 무대가 있는 라이브 바에서 한때 꽤 유명했던 가수가 소소한 박수와 취객의 시끄러운 수다 속에서 노래할 때 '저 이도 쇠퇴기에 접어들었구나.' 마음 한 구석이 불편한 안쓰러움을 느낄 때도 있고, 지방 출장을 갔다가 동네 나이트클럽 포스터에 박힌 가수의 이름과 사진을 보면서 '저 이가 이제는 먹고살기 위해 이 외진 곳 밤무대까지 찾아오는구나.' 격세지감을 느낄 때도 있었다.

그런데 그것이 끝이 아니었다. 시간이 더 흘러 이제 반세기쯤 문화적 실험과 독자적 노력, 레퍼토리가 쌓인 우리의 대중문화는 레트로 열풍 속에서 그때의 정서가 새로운 트렌드와 결합해 재해석되고 있다. 쎄시봉을 비롯한 뮤지션의 재발견, 트로트 열풍 등 장르의 재발굴, 그 당시 우리가 경험했던 문화적 체험과 사회적 시대상에 대한 관심이 새로운 콘텐츠로 부활하는 것을 어렵지 않게 보게 된다.

우리 개인의 경험도 크게 다르지 않다. 세월의 화학작용이 우리가 쌓아둔 그저 그런 경험들에 마법 같은 변화를 일으켜 생각지도 않았던 새로운 와인으로 창조되게도 하고, 건강에 좋게 발효 된 된장으로 맛나게 구수한 음식 향을 내기도 하고, 생각지도 못했던 아이디어와 붐으로 재창조되기도 할 것이다.

물론 아무런 일이 일어나지 않을 수도 있다. 하지만 어차피 그저 그런 경험들인데, 아무 일 없으면 또 어떤가? 무덤덤하게 구겨서 버리지 말고 그저 지켜보자. 미래에 어떤 일이 일어날지는 누구도 알수 없는 법이니까 말이다.

나의 이야기를
업그레이드 하라

우리가 이 책을 통해 나누고 있는 다양한 이야기의 핵심은 경험의 가치를 높이는 것이다. 이 목적을 잊지 않기를 바란다. 지금 우리가 맞닥뜨리고 있는 여러 상황에서 자연스럽게 떠오르는 경험은 그냥 스쳐 지나가는 상념이 아니다. 이유가 있기 때문에 우리의 내적 능력이 제시하는 솔루션인 것이다.

일상 속에서 기억 속 경험을 자주 꺼내는 연습을 하라. 우리의 감각이 어떤 느낌을 전달하며 반응할 때 떠오르는 경험을 따라가 보라. 그리고 자신의 경험을 꺼내 주무르고 가지고 놀고, 그것을 활용하는 여러 가지 방법을 개발해 보라. 경험은 만질수록 풍부해진다.

더 생생해지고, 더 구체화되고, 입체적이 되어 우리에게 새로운 경험으로 연결되는 경로를 보여주기도 한다. 경험은 성장한다. 자라는 것이다. 우리의 노력에 따라 경험은 업그레이드되고, 업사이클링 된다.

지금의 어떤 단초들, 장면, 소리, 촉감, 맛, 냄새 등이 과거의 어떤 경험을 어렴풋이 되살아나게 할 때 그때의 경험을 하나의 사건처럼 팩트를 중심으로 육하원칙 메모를 하자. 그러면 하나의 경험 덩어리가 건져 올려진 것이다. 그 사건의 경험에서 내가 어떤 느낌을 가졌는지를 덧붙여 보자. 좋았던 것, 나빴던 것과 그 외 다양한 느낌들. 경험의 뼈대를 재구성하고, 거기에 살과 근육을 다시 붙여 나가는 과정이다. 그때 함께 했던 사람, 사람들이 있다면 특정 경험을 중심으로 한 사건의 연결망, 관계망 지도도 그려볼 수 있다. 그리고 책의 앞 대목에서 강조했던 사회적 맥락 위에 배치해 보자.

그리고 그때 자신이 느꼈던 것의 이유를 다시 추정하고 추론해 보자. 그때의 나는 왜 그런 느낌을 갖게 되었을까? 그리고 지금의 나라면 똑같이 느꼈을 것인가, 반응이 달라졌을 것인가? 시간의 변화 속에서 자신이 겪은 변화도 과거와 현재의 차이를 생각해 볼 수 있다.

경험을 감각별로 집중해서 더 구체적으로 재구성을 해 볼 수 있다. 그때의 장면을 그려보고, 그때의 소리에 집중해 볼 수도 있다.

그때의 촉감을 떠올려 보라. 그때의 맛, 그때의 냄새는 어떤 것이었고, 어디에서 연유된 것인지 찾아낼 수 있는가? 이렇게 우리가 외부와 만나 자극-반응하는 감각을 인공적 기술로 확장한 것이 다양한 미디어이다.

시각은 이미지와 영상 관련 기술로 제작되고, 기록되고, 저장되고, 재생된다. 소리도 마찬가지이다. 음악과 같은 사운드, 다양한 음향, 사람의 목소리, 대화의 내용, 또 소음들까지 경험의 정보가 된다. 미디어 학자 마셜 맥클루언은 교통수단은 인간의 발의 확장이고 다양한 도구들은 손의 확장이라면서, 모든 기술 발전은 인간의 감각을 극대화한 것이라고 강조하기도 하였다. 지금은 우리가 단순히 소통의 확대로 생각하는 미디어, 정보 전달의 매개체들은 인간 경험의 시간적, 공간적 확장의 노력이 구축한 결과물인 것이다.

약간의 비용과 노력을 들이면 마음껏 활용할 수 있는 기술까지 활용하여 경험을 업그레이드 하라. 셰익스피어의 짤막한 희곡이 수십, 수백만 번 무대에 올려지며 원본 그대로뿐만 아니라 다양한 각색과 변형, 패러디가 만들어지듯 우리 경험도 가치가 있는 것들은 여러 버전이 존재해도 좋다. 사실 하나의 스토리가 시점의 결말에 따라 희극으로도, 비극으로도 해석될 수 있고 다양한 의미와 가치를 동시에 지닐 수 있다. 경험을 다루는 장인이 되어 보자.

우리는
전설이다

요즘에는 '전설'이라고 하면 역사적인, 또는 어떤 분야에서 강한 인상을 남겨 공동체가 오랫동안 함께 기억하는 영웅담을 뜻하는 경우에 주로 쓰이는 말이 되었다. 하지만 예로부터 전설은 주로 구전에 의해 전해 내려온 공동체의 내력, 특이한 공통의 기억, 신기하고 놀라운 체험, 또는 어떤 문물의 유래 등 다양한 이야기를 망라하는 표현이었다.

우리 영화 중 많은 대중이 사랑했던 풋풋한 첫사랑 이야기, 〈클래식〉을 떠올려 보자. 이 러브 스토리는 두 세대를 관통하고 있다.

딸 지혜가 엄마 주희의 학창시절 일기와 연애편지를 읽어 내려가며 엄마의 청춘 시절에 빠져든다. 상류층이어서 어릴 때 본인 의지와 관계없이 태수라는 학생과 약혼한 사이지만 주희는 태수보다 그 친구인 준하와 사랑에 빠진다. 두 사람은 아름다운 추억을 많이 쌓지만 집안의 반대로 이루어질 수 없다. 시간은 흘러 주희는 태수와 결혼하고, 지혜를 낳았다. 사랑을 끊기 위해 베트남전에 참전한 준하와 만나긴 하지만, 그가 전투 중 부상으로 시력을 잃었다는 것을 알고 하염없이 눈물을 흘린다.

엄마의 옛이야기를 읽기 시작하며 편지 문구를 보고 '아, 촌스러워.' 하던 지혜는 '클래식 하다고 해두자.' 하다가, 엄마의 젊은 시절 사랑의 비극을 다 알게 되자 마음의 동요를 일으킨다. 자신도 학교 연극반의 상민 선배에게 끌리고 있지만, 친구와 삼각관계 속에서 마음을 표현할 용기가 없다. 하지만 상민 선배도 자신을 좋아하고 있다는 것을 알자 적극적으로 변하기 시작한다. 엄마의 추억이 깃든 강변을 택해 첫 데이트를 하던 지혜와 상민은 놀라운 사랑의 순환을 깨닫게 된다. 상민은 지혜의 엄마 주희가 정말 사랑했던 준하의 아들이었던 것이다.

〈비 오는 날 수채화〉, 〈엽기적인 그녀〉 등 멜로의 대가인 곽

재용 감독의 연출과 주연 손예진, 조승우, 조인성의 명품 연기로 흥행작이 되었지만 세세한 에피소드의 감성을 빼고 정리하면, 이 첫사랑 이야기는 모든 사람의 경험에 내재된 이야기와 공통의 구조를 가지고 있다. 영화 〈건축학개론〉이 국민 첫사랑으로 불리며 대중적 공감을 얻어내고, 많은 이들이 실화가 아닌 허구의 이야기임을 알면서도 눈물을 흘리는 것은, 그 속에서 자기의 이야기, 자신의 추억, 자신의 체험, 이루지 못한 바람과 남은 추억, 그리움을 보고 느끼기 때문이다. 남의 이야기이지만 자신의 모습이 겹쳐 있는 것이다. 이 말을 뒤집으면 나와 여러분의 이야기 또한 〈클래식〉이나 〈건축학개론〉, 〈러브 스토리〉와 같은 아름다운 작품의 소재가 될 수 있다는 것이다.

대중문화의 영역에서 사랑이 워낙 큰 주제와 소재를 점하고 있기 때문에, 앞서 연애 경험도 돈이 되는 콘텐츠임을 강조한 바 있지만, 우리가 정리해 낼 수 있는 모든 종류의 경험이 모두 다 훌륭한 이야기의 뼈대이자 근육이자 살로 재탄생 할 수 있다.

당신이 전설의 주인공이다. 당신 자체가 하나의 전설인 것이다. 지금까지 쌓아온 당신의 경험은 이미 하나의 독창적 세계를 구축하고 있다. 하지만 아직까지는 땅속에 묻혀 있는 전설, 아무도 모르는 감추어진 전설일 뿐이다.

세대를 건너 입에서 입으로 전해지는 진짜 전설이 되기 위해서는 유명해져야 한다. 당신의 이야기가 사람들의 이야기에 등장하고 대중에게 이야기될 때 살아있는 전설이 된다. 지금 우리가 술술 이야기할 수 있는 유명한 전설들도 처음에는 그냥 한 개인의 이야기였을 뿐이다. 아직 완성되지 않은 당신의 진행 중인 이야기를 전설로 만들어 보겠는가? 그것은 당신의 선택에 달려 있다.

chapter 04

당신을
이야기하라

경험을 풀어내면 한없이 많은 이야기가 흘러나올 것이다. 문학의 대가가 아닐지라도 우리는 자신의 경험에 대해서는 누구보다 잘 알고 잘 설명할 수 있다. 바로 그 이야기를 풀어내보자. 가족의 과거사, 어릴 때 소풍 이야기, 일탈의 모험담…. 이렇게 재미나는 우리 이야기가 왜 작품이나 콘텐츠로 존재하지 못하고 잡담의 수준에 머물고 마는가? 이제는 이야기를 글로 엮는 문자의 시대가 아니라 구전의 시대로 역전되고 있다. 여러분은 이제 이야기꾼이 되어야 한다. 경험은 이야기다. 이야기로 만들어져서 다른 사람들에게 전달되고 공유되어서 퍼져 나가고, 공동체 경험의 일부가 되어 살아 있는 이야기로 생명을 얻고 계속 전파될 때 당신의 경험과 당신의 이야기는 비로소 전설이 된다.

경험이 바로
콘텐츠다

나는 고양이를 무척 좋아한다. 그러다 보니 '4월은 잔인한 달'이라는 표현으로 유명한 작가 T.S. 엘리엇의 고양이에 관한 연작시 '주머니쥐 할아버지가 들려주는 지혜로운 고양이 이야기'를 좋아한다. 이 책은 세계적으로 유명한 뮤지컬 '캣츠'의 원작이다. 뮤지컬이나 '캣츠'에 별 관심이 없는 사람일지라도 이 작품 속에서 늙고 외롭고 희망이 없는 고양이 그리자벨라가 부르는 유명한 노래 '메모리'의 선율은 익숙할 것이다.

추억이여,

달빛을 바라보아요

추억에 당신을 맡겨요

마음을 열고 들어가요

그곳에서 행복의 의미를 찾는다면

새로운 삶이 시작될 거예요

추억이여,

달빛 아래 홀로

옛날을 생각하며 미소 지어요

그때 난 아름다웠죠

기억나요 행복이 뭔지 알던 때가

추억이여 다시 돌아와요

이렇게 시작되는 노래 가사처럼, '메모리'는 '추억'으로 번역된다. 우리의 지나간 경험은 개인적 기억으로 '추억'으로 간직되고 떠오르고 이야기된다. 그런데 특별히 그리운 과거의 추억이 아니더라도 우리가 경험한 것들은 '기억'으로 통칭된다. 우리의 머릿속에 저장된 것이다. 메모리는 추억이기도 하고 기억이기도 하다. 우리에게 경험은 '메모리'로 존재한다.

하지만 머릿속 기억은 영구적이지 않다. 세월의 흐름 속에 희미해지고 잊혀 윤곽만 남기도 하고 기억의 풍화작용을 겪으며 변형이나 왜곡이 일어나며 사라져 버리기도 한다. 그리고 한 개인의 삶속에 깃들인 참으로 파란만장하고 다양한 경험이 그의 삶이 끝나면 함께 망각의 세계로 영원히 들어가 다시는 불러올 수 없는 메모리가 되어 버린다.

이러한 인류의 자산이 유실되는 것을 막아보고자 발명된 지적인 도구들이 '기록'을 위한 장치들이다. 그림, 기호, 문자로부터 그것을 남기기 위한 돌, 석판, 벽화, 양피지, 파피루스, 펜, 붓 등 다양한 기록의 도구들이 만들어지고 쓰여 왔다.

그리고 전기 전자의 시대, 디지털 혁명을 거치며 이제 우리는 정보 기술을 통해 방대한 양의 경험 정보를 기록하고 저장할 수 있다. 그래서 정보 기술에서는 '메모리'는 정보를 저장하는 부품, 장치를 의미하기도 하고 데이터를 처리하는 용량을 뜻하기도 한다. 경험은 추억과 기억이라는 정보를 기록하고 저장한 후 다시 꺼내 활용하는 인간 기술의 종합체로서의 '메모리'인 것이다.

놀랍게도 사이버펑크 문학의 기수였던 윌리엄 깁슨의 1984년 작 소설 '뉴로맨서'에 이런 상상이 담겨 있어 소개한다. 요즘으로 치면 불법 해커인 마약중독자 케이스에게 거대한 세력이 임무를 의뢰한다. 세상을 지배하는 거대 자본의 인공지능을 해킹해 달라는 것이었다. 두 개의 인공지능 윈터뮤트와 뉴로맨서를 연결하는 고난도의 작업이었다.

케이스는 자신의 능력으로는 부족할 것을 알고, 스승이자 친구인 맥코이를 불러달라고 요청한다. 그런데 맥코이는 이미 이 세상 사람이 아니었다. 하지만 그의 뇌에 담겨 있는 모든 메모리가 저장된 메모리가 있었던 것이다. 맥코이의 메모리를 컴퓨터에 연결하자 맥코이가 말한다. 누가 나를 깊은 잠에서 깨우는가.

케이스가 맥코이의 기억에게 사정을 설명하자 그는 임무가 끝나면 자신을 다시 평안과 침묵의 세계로 돌려보내 주고, 모든 메모리를 삭제한다는 조건으로 응한다. 망자의 생애를 모두 기록한 기억을 저장해둘 수 있고 그것을 깨워서 소통할 수 있다면? 상당히 섬뜩하면서도 어쩌면 미래에 가능할지도 모를 기술에 대해 철학적, 윤리적, 과학적, 존재론적 고민을 하게 만드는 장면이 아닐 수 없다.

이 작품은 PC는 등장했지만 인터넷이 출현하기 10여 년 전에 써진 작품이다. 게다가 윌리엄 깁슨이 컴맹이었음을 감안하면 상당한 통찰력이 발휘된 것에 놀랄 수밖에 없다. 1990년대와 20세기 말을 기념하는 SF 영화 '매트릭스'에 영감을 준 소설이기도 하다.

결론은 우리가 지금까지 논해 온 '경험'은 방대한 메모리이며 콘텐츠의 물류창고라는 것이다. 그런데 이것이 갇혀 있고 고여 있기만 해서는 그 가치를 실현할 수 없다. 창고에서 방출되고 흘러 다녀야 하는 것이다. 콘텐츠는 커뮤니케이션 되어야 한다. 경험은 이야기되어야 한다. 사람에서 사람으로의 관계망을 타고 순환되어야 한다. 이미 오래전부터 인간 지식의 역사는 이야기가 세대에서 세대로, 지역에서 지역으로 구전되는 경험 순환의 역사였다. 이제 우리의 일상속에서 이러한 과정을 실천해 보자. 경험의 역사에 참여하는 짜릿한 모험을 해보자.

왜
잡담에 머무는가?

경험이 이야기로 만들어져 다른 사람들에게 퍼져나가면 그 이야기는 공동체 경험의 일부로 녹아들어 살아 있는 것처럼 생명력을 가지고 계속 전파된다. 따라서 경험은 이야기로 완결성 있게 구성되어야 한다.

경험의 내용은 매우 다양하다. 좋은 경험만이 경험은 아니다. 나쁜 경험도 있고 밝은 경험과 어두운 경험, 기쁜 경험과 슬픈 경험도 있으며 아픈 경험과 행복한 경험, 승리의 경험과 패배의 경험도 있다. 성취의 경험을 얻기 전에 더 많이 패배하고 실패하고 좌절했던 경험도 있을 것이다.

이런 이분법의 중간 과정에 숨어 있는 더 중요한 경험들을 주목해야 한다. 어떻게 좌절에서 벗어나 희망을 타고 성공으로 이동했는가의 경험은 타인에게도 희망을 전파하는 중요한 이야기가 아닐 수 없다. 실패 극복의 경험담에 늘 많은 이들이 귀를 기울인다. 경험의 감각, 경험의 장면, 경험의 소리, 경험의 촉감, 경험의 맛, 경험의 냄새 등 경험의 느낌을 잘 살릴수록 사람들은 더욱 관심을 가진다. 어떤 장면의 시각적 경험, 소리의 경험, 촉감의 경험, 맛의 경험, 냄새의 경험도 마찬가지이다.

우리가 가장 반복적으로 경험하는 것은 의·식·주와 관련된 물질적, 시공간의 경험이다. 반복성 안에서도 일반적인 경험과 특별한 경험을 분류할 수 있다. 예를 들어 매끼 식사에 등장하는 김치 반찬은 일반적인 경험으로 기념일에 한 외식은 특별한 경험으로 분류될 것이다. 오래 살던 동네와 특별한 여행의 경험도 일상과 일상의 탈출 측면에서 모두 흥미 있는 이야기의 주제가 된다.

우리가 겪는 경제적 상황도 중요한 이야기의 소재이다. 직업의 영역을 보라. 모든 문학 작품에 등장하는 주인공과 그를 둘러싼 인물에게 직업을 부여함으로 하나의 정체성을 형성한다. 고대 그리스 로마 신화에 나오는 수많은 신들마저 자신이 관장하는 영역이 있지 않은가. 태양의 신, 전쟁의 신, 대장장이의 신, 술과 축제의 신이 등장하고, 인간의 감정을 상징하는 환희의 신부터 질투의 신까지 존재한다.

프랑스 대혁명기의 역사적 격동 속 다양한 인간 군상을 묘사한 빅톨 위고의 대작 '레미제라블'의 주인공 장발장을 보자. 그는 전과자에서 출발한다. 그런데 그의 정체성은 멈춰 있지 않고 계속 변화한다. 탈옥한 전과자는 한 아이의 대부가 되고 수도원의 일꾼이 되고, 발명가와 사업가로 부자가 되었다가 한 도시의 시장도 된다. 그러나 집요한 경찰 자베르 경감에게 다시 쫓기는 신세가 되지만 마지막에는 그를 깨우친 미리엘 주교와 같은 훌륭한 성인이 된다.

우리의 경험을 풀어내면 크고 작은 이야기가 한없이 흘러나올 것이다. 우리가 비록 문학의 대가는 아니지만 우리 자신의 경험에 대해서는 누구보다도 잘 알고 잘 설명할 수 있지 않겠는가? 바로 그 이야기를 풀어내보자는 것이다. 우리의 경험을 이야기로 만들자. 다들 하고 싶어 하는 일이고 가족과 친구가 모이면 늘 하고 있는 일이기도 하다.

명절에 모이면 가족의 과거사가 이야깃거리가 된다. 지금은 안 계신 조부모와 부모의 이야기를 함께 회상하기도 하고 형제자매의 어린 시절 이야기로 한동안 깔깔거린다. 친구들이 모이면 어릴 때 소풍 이야기와 일탈의 모험담 등 공유할 수 있는 이야기를 풀어놓으며 시간 가는 줄 모른다.

그런데 이렇게 재미있는 우리 이야기는 왜 작품이나 콘텐츠로 존재하지 못하고 잡담의 수준에 머물고 마는가? 그것은 우리의 문명과 문화가 중세 이후 글 쓰는 이의 권력에 좌우됐기 때문이다. 우리는 권위 있는 이야기는 '책'이어야 한다는 관념과 통념을 갖고 있다. 문화의 역사가 그렇게 만든 것이다. 이야기는 글로 엮이는 것이 일반적 방식이었다.

하지만 지금은 조금 다르다. 디지털 시대로 접어든 지 오래 지났고, 활자 문법은 영상 문법으로 대체되고 있다. 이제는 이야기를 글로만 엮는 문자의 시대가 아니다. 다시 과거로 돌아가 말로 하는 구전의 시대로 역전되고 있다. 활자 문학마저도 문어체가 아닌 구어체에 의해 이끌어지는 언어 권력의 전도 현상이 벌어지고 있는 것이다.

여러분은 이제 이야기꾼이 되어야 한다. 먼 옛날 직업적 이야기꾼들은 이 고을 저 마을을 돌며 재미있는 민담과 미담, 괴담을 수집하기도 하고 놀이마당이 펼쳐지면 소액의 돈을 받고 이야기 자락을 풀어 놓으며 팔도를 유랑하기도 하였다. 고대 서양의 역사와 문학 속에는 이러한 이야기꾼이 '음유시인'이라는 직업적 존재로 묘사되고 있다.

빅톨 위고의 작품을 뮤지컬로 만든 '노트르담 드 파리'가 있다. 주인공은 한 집시 여인과 그녀를 둘러싼 세 남자이다. 그녀가 사랑하는 왕의 근위 대장 페뷔스, 남몰래 그녀를 향한 욕망에 괴로워하는 노트르담 성장의 대사제 프롤로, 그리고 성당의 종지기 꼽추 콰지모도가 얽히고설킨 욕망의 이야기를 구성한다.

그런데 뮤지컬에 등장하여 시작을 열고 끝을 닫는 등장인물이 있으니 음유시인 그랭구아르이다. 이 뮤지컬 중 최고의 히트곡 '대성당의 시대'를 부르는 인물이기도 하다. 그는 대성당의 사제에게 여행을 하며 보고 들은 다른 유럽, 이탈리아의 이야기를 들려주기도 하는데 이러한 생생한 체험담은 그 시대에 가장 중요한 지식과 정보이기도 한 것이다. 사건의 전개 과정과 그 결말을 관찰하고 정리하여 이야기로 펼치는 그랭구아르가 없었다면 노트르담의 아름답고 슬픈 이야기는 현대의 우리에게 전달되지 못했을 것이라고 생각해 볼 수 있다.

자신의 경험담을 책으로 쓸 생각을 하지 말라. 마당을 둘러싼 사람들에게 말로 전달한다고 생각하라. 글로 쓸 때조차 말한다는 기분으로 이야기를 풀어야 한다는 뜻이기도 하다. 당신은 21세기의 음유시인, 이야기꾼이 되어야 한다.

소설의 구조를
갖춰라

개인적인 경험을 타인에게 이야기할 때는 기왕이면 재미의 구조를 갖추고 의미도 담고, 이야기의 품격을 갖추는 형식적 방법론도 중요하다. 따라서 이야기 구조에 대한 몇 가지 중요한 점을 짚어보기로 하자. 스토리텔링의 세계만이 아니라 우리의 세상 전체에는 이원론이 많다. 이야기 구조에서 가장 간편하면서도 효과적인 설정이다. 선과 악의 구도를 결정하고 나면 이야기가 술술 풀리게 된다.

형은 놀부요 동생은 흥부인데, 형은 욕심쟁이 부자이고 동생은 착하고 성실하지만 가난하고 아이들이 주렁주렁 딸려 있다. 한 집안에 딸이 둘 있는데, 언니는 팥쥐고 동생은 콩쥐다. 심술쟁이 팥쥐는 친엄마의 사랑을 듬뿍 받으며 손에 물 한 방울 안 묻히며 지내고 착하고 예쁜 콩쥐는 계모의 학대 밑에서 온갖 허드렛일을 다하며 힘든 나날을 보낸다. 물론 선악 구도의 이야기는 대부분 고난의 과정을 통과한 선한 주인공에게 행운의 기회가 찾아오고 해피엔딩으로 마무리된다.

이원론과 이분법은 편리하다. 어떤 이야기가 어떤 세계관을 지니고 구성되었는지 공유되면, 이야기를 전개하는 배경과 체계에 대한 이해와 공감이 독자나 시청자와 공유되면서, 이야기 전개가 안정적으로 전달되기 때문이다.

빛과 어둠, 천사와 악마, 육체와 영혼, 정신과 물질, 적군과 아군, 하늘과 땅, 육지와 바다, 낮과 밤, 해와 달, 물과 불, 여자와 남자, 부자와 빈자, 왕자와 거지, 시골과 도시, 전쟁과 평화, 흉년과 풍년, 천국과 지옥, 지성과 야만 등등 이러한 구분은 수많은 문학 작품에 차용되어 왔다.

그런데 한쪽은 일방적으로 좋은 편, 다른 쪽은 일반적으로 나쁜 편이라는 이분법의 권선징악은 오랜 기간 교훈을 주는 계몽적 역할을 했지만 이제는 식상해서 큰 재미가 없다. 그래서 이분법에 파격을 부여하는 스토리가 많이 구사되고 있다.

예를 들어 사랑 이야기의 전범으로 추앙받는 셰익스피어의 '로

미오와 줄리엣'을 보자. 서로 적대적인 철천지원수 가문의 아들과 딸이 운명적 사랑에 빠진다. 그리하여 비극적 사랑의 이야기가 전개되며 우리를 조마조마하게 만들고, 마지막에 눈물과 감동을 선사하는 것이다.

이러한 이분법 사이에 이야기를 꼬이게 만드는 사건의 장치는 수많은 연애물과 멜로물에 패러디 된다. 여러분 부모님의 결혼 스토리만 들어도 흥미진진할 것이다. 집안마다 다양한 요소에 의한 '차이' 때문에 결혼을 반대했고, 사랑의 힘으로 반대를 극복하고 결혼에 골인해서 너희를 낳았다는 이야기가 무용담처럼 등장한다.

이분법이란 두 집단, 혹은 개인 사이에 질적으로 완전히 다른 차이를 기반으로 한다. 이질적 요소에 의한 갈등이 배경이 된 가운데, 주인공들이 적으로 만나 싸울 것인가, 의외로 공통점과 동질성을 발견하고 동지애와 연대감을 형성할 것인가에 따라 전혀 다른 시나리오로 펼쳐지게 된다. 이 세상을 분석하는데 가장 단순한 모델은 두 개체, 두 집단, 두 존재를 분리하고, 둘 사이의 공통점과 차이점을 찾아내고 분석하는 관찰에서 출발한다. 이런 구조를 주목하고 기억하라. 이것만으로도 당신의 경험에 재미와 의미를 갖춘 이야기의 뼈대와 구조를 제공할 수 있다.

여기에서 나아가 더 복잡한 이야기 구조를 설정하거나 실제의 경험이 복잡했다면 삼원론과 그 이상의 차원을 개발하면 된다. 두 나라 간의 전쟁이 아니라 세상을 평정하려는 세 개의 세력이 충돌하면 이야기는 '삼국지'가 된다. 위·촉·오 세 나라 중 촉한의 황제가 되는 유비가 나라를 일으키는 첫 장면인 도원결의는 삼 형제의 탄생을 보여준다. 유비와 관우, 장비가 의기투합하여 영웅담의 모험을 시작하는 것이다. 서양에서도 작가 뒤마는 삼총사 이야기로 큰 인기를 모았다.

'3'이라는 숫자도 오랜 역사 속에서 완전수로 여겨져 왔기에 이야기에 중요하게 녹아드는 요소이다. 서양을 중심으로 한 기독교 사관에는 삼위일체의 전통이 있다. 성부와 성자와 성령으로 신격은 완성된다. 통속적 이야기에도 삼각관계가 등장한다. 세 명의 등장인물이 서로 사랑의 방향이 엇갈리는 것이다. 게임 속 플레이어가 셋 이상이 되면 복잡하지만 더 재미있는 관계의 요소가 생겨나기에 흥미는 배가 된다. 그 요소는 동맹과 배신이다. 우리 삶 속에서 겪게 되는 인간관계의 특징들이기에 감정이입도 잘 되고 이야기가 풍성해진다.

여러분의 경험을 재구성할 때 이분법과 삼분법, 이원론과 삼원론의 구조가 적용되고 신뢰와 불신, 연대와 배신, 협력과 투쟁의 요소가 잘 드러난다면 좋은 이야기가 될 것이다.

포섭할 것인가,
배제시킬 것인가?

　공통점과 차이점을 분석하여 이분법이라는 구조를 적용한 김에, 그런 배경 속에 우리 자신을 집어넣고 위치에 따라 어떤 변화가 일어나는지를 생각해 보자. 자리 매김, 위치 선정, 포지셔닝은 우리에게 어떤 경험을 하게 만드는지에 있어 핵심적인 작용을 한다.

　우리에게 아주 익숙한 이분법을 떠올려 보자. 전쟁 상황이 아니라 우리의 일상 속에도 적군과 아군이 있다. 적과 동지, 이렇게 노골적으로 지칭하지 않을 뿐이다. 일상에서는 적을 경쟁자라고 부르고, 나에게 이롭고 도움을 주는 동지를 친구라고 부르는 식이다.

　현재 당신의 적, 경쟁자는 누구인가? 어떤 자리, 혹은 어떤 자원을 쟁취하기 위해서 경쟁하고 싸우고 있는가? 현재의 이러한 경험은 과거에도 우리가 늘 수행해 왔던 일이었을 가능성이 크다. 사회는 늘 우리에게 경쟁을 강요하는 경향이 있다. 싸움을 전제하고 싸움을 준비시키고 싸우게 만든다. 우리가 이기면 거두어 주고 패배하면 야멸차게 버려 왔다. 이것이 포섭과 배제이다.

우리가 물리적 공간을 살아갈 때 가장 많이 만나는 것이 무엇일까? 그것은 '경계'이다. 보이거나 보이지 않는 수없이 많은 '선'들이 우리 앞에 나타난다. 이것은 나의 땅이다. 저것은 남의 집이다. 이쪽은 공동으로 이용할 수 있는 길이다. 저 건물은 남의 회사여서 나는 들어갈 수 없다. 이 빌딩에 내 사무실이 있으므로 출입할 수 있다.

간단히 정리하면 우리는 인생을 걷는 동안 많은 '벽'과 '문'을 만난다. 벽에 막히면 나아갈 수 없고 그 안으로 들어갈 수 없다. 나는 그 집단, 그 조직, 그 회사, 그 공동체에서 배제된 존재다. 문을 만났고 통과할 수 있었다면 나는 그 집단, 그 조직, 그 회사, 그 공동체에 소속된 일원으로 받아들여진 것이다. 나는 포섭되었고, 포용된 존재이다. 이것이 요즘에는 아웃사이더 '아싸'와 인사이더 '인싸'라는 표현으로 통용되는 세상의 원리인 것이다.

우리는 거절당하지 않기 위해서 노력하며 살아왔다. 벽에 부딪

치기보다는 문으로 들어가기 위해서 통과하기 위한 주문과 암호를 찾기 위해, 출입카드를 얻기 위해 싸워왔다. 우리의 경험을 돌아보면 벽의 경험, 배제의 경험, 배타의 경험, 거절의 경험, 왕따의 경험도 있고 반대의 경험도 있다.

문의 경험, 포섭과 포용의 경험, 통과의 허락, 어울림의 경험도 있다. 거절의 경험이 많이 쌓인 이는 다른 문을 노크할 때 걱정이 많아지고 위축되고 주눅이 들 것이다. 포용과 승낙의 경험이 많다면 타인과 관계하고 새로운 공동체에 어울리는데 자신감이 있고, 자신에게는 행운이 따른다고 느낄 것이다.

두 유형 모두 우리에게 매우 중요한 경험들이다. 그것들을 다시 한 번 끄집어내어 들여다보고 패턴이나 추이를 찾아보자. 각각의 성공과 실패 경험을 나열해 보니 내 삶의 궤적에 어떠한 흐름이 나타나는가?

성장기와 학창 시절, 특별한 경험이 우리에게 포섭과 배제의 갈림에서 한 쪽의 낙인을 찍어 놓는 경우도 있다. 나쁜 쪽을 우리는 트라우마라고 부른다. 하지만 이 시기의 경험들만 가지고 패턴이나 추이를 분석하는 것은 큰 의미가 없다. 적어도 유년기, 청년기, 중년기 정도의 경험의 축적에서 연결의 흐름을 추출해야 한다.

한편 자연스러운 연결의 패턴이 아니라 갑작스러운 결절이나 분기점이 나타나기도 한다. 우리 삶의 경험이 급격하게 바뀌는 시점으로, 유학이나 해외 파견, 이민으로 삶의 공간과 환경이 확 바뀌었다던가, 아니면 직장을 이동하는 정도가 아니라 직업이나 직군 자체를 바꾼 경험이 있을 수 있다. 그럴 때 잘 연착륙할 수 있었는지, 반대로 적응 기간에 상당한 고생을 했는가에 따라 이후 자신의 심리적 안정감과, 포용과 배제에 대한 내면의 입장과 위치가 달라진다. 이러한 경험에 대한 분석과 재구성, 스토리텔링과 나눔과 공유는 자기 치유의 길이 되기도 한다.

가장 아름다운 경우를 본 경험이 있다. 어떤 이의 긴 인생 이야기를 정리했을 때 하나하나의 경험은 실패와 배제, 거절의 연속이었다. 그런데 나중에 그 인물의 전체 생애를 하나의 윤곽으로 보니 남과 다른, 매우 독창적이고 커다란 자기만의 세계를 형성했는데, 그 모습이 참으로 아름답고 누가 봐도 훌륭한 생애였다. 그래서 그러한 결과물을 보면서 '진주 가설'이나 '캐슬 가설'이라고 이름 붙였던 기억이다.

진주조개는 바다 밑바닥에서 모래나 불순물을 먹고, 고통스럽지만 끊임없이 자기를 보호하기 위한 준비물을 내면서 외부의 나쁜 것을 소화해낸다. 그 결과 그 조개는 진주라는 가치 있고 아름다운 보물을 품게 되는 것이다. 실패라는 이름의 벽돌을 쌓고 또 쌓으면서도 포기하지 않고 끝까지 했더니, 실패로 쌓아올린 성은 참으로 고귀한 건축물이 되었더라는 경험이다. 인간의 의지는 나쁜 것들로 아름다운 것을 창조해 내기도 한다.

모든 사람은
한 권의 책이다

'모든 사람은 한 권의 책이다.'

이 멋진 문구는 국내 대형서점에 한동안 크게 붙어 있던 표어였다. 지날 때마다 읽어보며 고개를 끄덕이곤 했다. 한 사람의 인생을 책으로 정리한다면, 글 쓰는 이의 기량에 따라 차이는 있겠지만, 파란만장한 이야기가 펼쳐질 것임에 틀림없다. 그런데 두 가지의 전제가 있어야 이 책은 의미와 생명을 부여받는다.

이 책이 도서의 형태를 갖추고, 완결성 있게 출간되어 대중이 손에 잡을 수 있어야 한다. 이 과정이 쉽지 않다. 수많은 사람들, 대부분 '나의 삶은 평범해'라고 생각하는 사람에게 어떤 작가가 주목을 하고, 긴 인터뷰를 진행하고 비로소 글을 쓰기 시작하겠는가? 생각할수록 결코 쉽지 않은 일이다. 그리고 어떤 출판사가 이 평범한 사람의 일대기를 적은 원고의 가치를 보고 책을 출간해 줄 것인가?

출판시장은 점점 어려워지고, 책을 찍어 유통하는 데에는 비용이 투입된다. 이 책이 상품으로 대중에게 팔릴 수 있을지 마케팅 계획을 검토해 본 후, 고개를 젓고 포기할 가능성이 크다. 그래서 우리는 늘 유명한 사람, 성공한 사람, 화제의 인물, 소위 셀럽에 대한 책만 보고 접하게 된다. 하지만 누구라도 특별한 특징과 비범한 삶의 단면, 특이한 사건의 경험을 가지고 있기 마련이다.

1998년도에 할머니가 돌아가셨다. 생전에 할머니는 '이것을 한번 읽어보렴.' 하고 편지글 같은 것을 맏손자인 나에게 주신 적이 있었다. 두루마리 같은 긴 종이에 삐뚤빼뚤한 손글씨로 적어 나간 글이었는데, 편지지로는 십여 장 정도의 분량이었다. 이것은 할머니 자신이 적은 본인 삶의 일대기였다. 자서전인 셈이다.

그 내용은 말 그대로 대하드라마였다. 할머니는 1902년 구한말, 평양의 양반집 딸로 태어났다. 중년기까지 한학 공부만 하던 선비 아버지는 뒤늦게 과거에 급제하여 벼슬길에 올랐고, 고향 평양에 가족을 두고 한양으로 갔다. 하지만 몇 해 지나지 않아 다시 낙향하게 되었다. 나라가 망해서 벼슬아치로 일할 수 없었다고 한다.

이후 할머니는 10대에 시집을 갔는데, 이것이 고난의 시작이었다. 시집살이는 혹독했다. 호랑이 같은 시어머니가 몽둥이로 때리는 일은 다반사였고 한겨울 맹추위에 장독대로 쫓겨나거나 뜰에 있는 큰 나무 위로 도망가는 일이 많았다. 맏아들을 낳았으나 남편은 사업을 한다고 밖으로 돌고, 먼 길을 떠나 한참만에야 집에 돌아오고는 했다.

시집살이는 지옥 같았고 남편의 사랑도 받지 못했던 할머니에게 꿈결 같은 봄날도 있었다. 서양 선교사 피어선이라는 인물이 성경학교를 열고 부녀자도 교육을 받아야 한다고 홍보를 하고 다닌 덕에, 몇 주간 또래 여성들과 기숙생활을 하며 한글을 배우고 성경을 배우며 기독교 교육을 받게 된 것이었다. 그 학교에는 매도 체벌도 없었고, 삼시 세끼와 잠자리를 제공받으며 많은 친구들과 솔직한 대화와 수다를 나눌 수 있었으니, 그야말로 해방구와 같았다. 수업에서도 구원과 사랑만을 강조했다. 당시 할머니에게는 천국이었다.

호랑이 시어머니는 왜, 심하게 부려먹던 어린 며느리가 피어선 성경학교에 가는 것을 허락했을까? 종교와 신앙에 의해서 성격이 바뀌지는 않았지만 시어머니 자신이 기독교를 받아들였고, 여장부 성격답게 바로 집안의 모든 제사를 없애면서 가풍을 단칼에 정리했다.

그래서 며느리가 성경공부를 위해 단기간 집을 떠나 교육받는 것을 허락했던 것이다.

당시는 일제강점기였고, 시집살이가 아니더라도 두려운 시절이었다. 해방이 와서 기뻐했는데 남과 북이 나뉘어 두 개의 정부가 들어섰다. 평양은 김일성에 대해서 긍정적인 의견과 부정적인 견해가 분분하였다. 전쟁 직전 가족은 남한행을 결정하고, 서울로 이주하였다. 시댁 식구 다수는 평양에 남았는데, 1948년 이후에도 38선을 넘어 고향에 다녀오는 길은 열려 있었다.

그러나 결국 6.25가 발발하고, 나라뿐만 아니라 개인과 가족의 삶도 피폐해졌다. 할머니는 오직 가족을 위해서 기도하고 생활하며 역사적 환란을 거쳐 나왔다. 남편과 가족의 독립운동을 뒷바라지하고, 유일한 아들이 6.25전쟁에 참전했다가 다리에 총상을 입고 돌아온 모습을 맞았으며, 맏손자가 학생운동과 민주화 시위로 뛰어다니다 집에 들어오면 걱정을 했다. 평생을 일제 순사가, 북한 인민군이, 군부독재 시절의 경찰이 가족을 잡아갈까 두려움이 많았다. 하지만 모두 하나님에게 맡기고, 기도하고 또 기도하며 이겨냈다. 20세기 두 해를 지나고 태어나 21세기를 두 해 앞두고 세상을 떠나셨다.

할머니가 쓴 자전적 편지글을 읽고, 이 분의 삶을 한 권의 책으로 정리하고 싶다는 욕구가 생겼다. 나를 키우고 사랑하던 할머니셨다. 라면을 끓여 달라면 맛있는 라면을 끓여 내시고, 여름에 냉면이 먹고 싶다면 냉면을 만들어 내셨다. 이북식 비지를 끓이고 녹두전을 부쳐 내던 할머니, 부비부비 비비면 할머니 냄새가 나던 그 할머니가 아니라, 나약하지만 강하게 질곡의 역사 속을 걸어 나온 조선 여인의 삶이 오롯했다. 하지만 아직도 할머니의 삶을 정리하지 못하고 있다. 가족 앨범 속 빛바랜 옛날 사진들로만 인자한 모습이 남아 있다.

할머니보다 먼저 할아버지가 돌아가셨을 때 발견한 가죽 비망록 속 할아버지의 일기는 또 다른 야망과 세상에 대한 도전으로 가득 차 있었다. 이 또한 엮어서 책이 된다면, 할머니와 같은 시대지만 전혀 다른 개화기 청년이 세계를 누비며 기회를 찾는 모험가의 모습으로 그려질 것이다.

어느 가족이나 이러한 경험의 정보가 보물처럼 다락방마다 쌓여 있다. 대부분 정리되지 못하고, 책으로 엮이지 못하고, 출판되지 못할 뿐이다. 우리 자신과 우리가 아는 소중한 사람들의 경험을 어떻게 가치 있는 콘텐츠로 만들어 낼 것인가? 이제는 디지털 정보와 온라인 메타버스의 시대이다. '책'은 더 이상 종이 위에 활자로 찍히지만은 않는다.

할머니 이야기가 나온 김에, 우리나라에서 가장 유명한 할머니는 누굴까? 내 생각엔 유튜브에 엄청난 어록을 남기며 인기와 화제 몰이를 한 박막례 할머니가 아닌가 싶다. 모든 사람은 한 권의 책이다. 그런데 그 책은 블로그일 수도, 이 북(e-book)일수도, 오디오 북일 수도, 팟캐스트일 수도, 유튜브와 같은 디지털 세상 속 영상물일 수도 있는 것이다.

출판의 방식은 확장되었다. 당신에게 경험의 콘텐츠가 있다면, 가장 쉽고 빠르고 효과적인 방법을 찾아라. 이제는 실현 가능하다. 모든 사람은 한 권의 책이다. 우리가 읽을 수만 있다면, 당신이 펼쳐 낼 수만 있다면 말이다.

당신의 이야기는
어떤 장르에 속하는가?

같은 경험도 어떻게 분류하는가에 따라 전혀 다른 뉘앙스를 가진 다른 스토리가 되어버릴 수 있다. 먼저 스토리를 대하는 당신의 선호와 취향을 찾아야 한다. 더하여 앞에서 언급한 미디어 장르 특성을 선택하는 것도 중요하다. 문어체보다 구어체가 쉽고 대중에게 접근성도 크다. 구전의 시대임을 기억하자. 그래서 경험을 정리하는 방식으로 글을 써 내려가는 것이 너무 어렵고 끙끙거려야 한다면 스마트폰 녹음 기능을 켜고, 친구나 지인에게 말하듯이, 또는 토론회 발제나 회의에서 설득을 위한 프레젠테이션을 하듯이 말로 풀어 나가는 것도 좋은 방법이다.

어떤 미디어 형식을 택하든 가장 기본적인 원칙은 당신은 무대 위에서 스탠딩 스피치를 하는 중이고, 당신의 경험을 듣고자 하는 청중들이 공연장에 꽉 들어차 있는 상황이다. 이러한 장면을 상상하면서 당신의 경험을 진솔하게 들려주면 된다.

더 중요한 것은 당신 이야기의 질적 장르 화이다. 여기에서 당신의 스타일은 더욱 강하게 드러나고, 이야기에 색깔을 입히는 마법의 효과가 나타난다.

당신이 소설 문학을 좋아한다면 지금까지 어떤 장르를 선호해왔는지 돌이켜 점검해 보자. 나는 명백하게 추리소설 취향이다. 특히 007 제임스 본드가 주인공으로 유명한 이언 플레밍의 시리즈 작품이 좋고, 플레밍보다 더 좋아하는 것은 비슷한 배경이지만 현실성이 더 높은 작가 존 르카레의 첩보물들이다. 영화화된 『팅커, 테일러, 솔저, 스파이』를 대표작으로 꼽지만 각각의 작품 속에 저마다 의미와 철학, 전략과 휴머니즘이 담겨 있어 좋다.

007의 창작자 이언 플레밍과 실제적인 첩보 활동의 세계와 인물을 묘사한 존 르카레에게는 공통점이 있다. 플레밍은 영국 해군에서 중령으로 복무하며 실제로 정보 임무를 수행했던 경험을 가지고 있고, 이 경험들은 작품 속에 다분히 녹아 있다. 그의 작품 속 제임스 본드는 영화 주인공으로 화려한 플레이보이 제임스 본드와 많이 다르다. 소설 속에는 군인에 가까운, 강직한 요원이 등장한다. 플레밍의 작품 중 유일한 동화는 하늘을 나는 자동차가 등장하는『치티치티뱅뱅』으로, 디즈니가 뮤지컬 영화로 만들기도 했다.

존 르카레도 SIS 요원 출신으로 영국 정보기관 MI6에서 실제 첩보와 외교 활동을 수행했던 경력과 경험의 보유자다. 심지어 현업에 있으면서 작품을 발표했기 때문에, 존 르카레는 본명이 아니라 필명이다.

상상의 창작물에도 작가의 경험이 토대가 되는 것은 아이러니하지만 당연하기도 하다. 예외가 있다면 대테러 작전을 작품에 등장시켜 '테크노 스릴러'라는 자신만의 독창적 장르를 창조한 톰 클랜시이다. 그는 군사조직과 전략, 무기체계를 혼자 독학하여 방대한 소설을 출간했고, 거의 영화화되었다. 그는 마니아도 깊이 있는 지식을 갖추면 직접 경험 이상의 콘텐츠와 스토리를 창조할 수 있음을 입증하고 있다.

이처럼 장르에 대한 취향과 선호는 다양하다. 고전 문학을 좋아하는 취향도 있고, 현대물 중에서도 역사극, 휴먼 멜로를 선호하는 사람도 있고, 기업 소설, 캠퍼스 물, 공상과학이나 판타지에 빠진 사람도 있다. 자신의 경험을 타인에게 들려줄 때에도 자신이 좋아하는 이야기의 방식을 활용하면 전달과 집중, 몰입의 효과가 높아지고 더 재밌어진다. 내 안에 축적된 이야기의 구조와 리듬이 익숙하게 흐르고 있기 때문이다.

흥미를 돋우는 추리소설 외에 내가 선호하는 스타일은 동화이다. 동화는 아이들을 위한 것만은 아니다. 어른들을 위한 동화도 인기가 많다. 대표적인 작품을 꼽는다면 독일 작가 미카엘 엔데의 『모모』와 같은 스테디셀러가 있고 브라질 작가 파울로 코엘료의 『연금술사』 같은 작품도 있다. 이런 작품은 읽고 또 읽어도 독자들이 제각각 인생의 지표를 발견하게 되는 멋진 이야기이다. 소설이나 동화처럼 상상력이 창조한 가상의 이야기조차, 작가의 경험과 가까울수록 탄탄한 작품이 된다.

여러분이 이야기하려는 경험도 장르를 한 번 정해놓고, 풀어나가 보라. 문학 영역에 국한되거나 얽매일 필요는 없다. 우리가 일상적으로 소비하는 영화, 드라마도 장르가 있다. 우리가 더 일상적으로 듣는 대중음악에도 장르가 있다. 당신이 하려는 이야기는 발라드인가, 락인가, 힙합인가, 신나는 댄스인가?

장르라는 말이 다소 어렵고 딱딱하다면 그냥 스타일이라고 해도 좋다. 스트레스 많은 사회를 살아가는 우리가 유머와 위트 풍만한 개그와 코미디를 얼마나 좋아하는가. 누군가에게 잠시의 휴식, 생각할 동기의 부여, 카타르시스, 웃음이나 감동을 줄 수 있다면 당신의 경험은 훌륭한 이야기가 된다. 당신의 경험을 불규칙하고, 엇박자 비트의 재즈로 연주해도 좋을 것이다. 우리는 21세기의 음유시인이 되기로 했으니 말이다.

장르, 스타일을 적용해 보라고 권했지만 어느 정도 경지에 오르면 장르는 파괴된다는 점도 미리 알아둘 필요가 있다. 이미 장르 파괴, 크로스오버의 시대이다. 여러 장르가 복합되고 결합되고 뒤섞이는 퓨전과 하이브리드의 시대가 왔다. 하지만 여전히 자신의 주특기가 펼쳐지는 중심을 잡고, 다른 분야와 영역으로 확장하는 것이 효과적이다. 이종격투기로 싸워도, 태권도든 유도든 복싱이든 주짓수든 자신의 주 종목을 가지고 아이덴티티를 넓혀야 한다.

다 태워버려야
할 때

살아가다 보면 지금까지 쌓아온 경험을 다 버려야 하는 경우를 만나기도 한다. 이럴 때는 과감하게 경험을 태워버려야 한다. 경험이 중요하다고 강조 해놓고, 다 버리고 다 태워버리고 다시 원점으로 돌아가라고? 태어나서 지금까지 살아온 경험이 나의 존재를 규정한다더니, 그 경험을 잘 갈고닦으면 좋은 스토리가 되고 가치 있는 콘텐츠가 되어 돈을 만들 수 있다고 하더니, 그 경험을 모두 버리란 말인가?

안타깝지만, 그렇다. 전쟁에서 작전을 수행하다가, 인생 목표를 정하고 자기관리를 하며 잘 달려 나가다가도, 백약이 무효하게 돌파할 수 없는 국면에 다다를 때가 있다. 원점에서 머리를 비우고 대처해야 하는 시기를, 살면서 한두 번은 만나게 되는 것이다. 도대체 어떤 상황이고 어떤 국면일까? 바로 이런 경우를 '파국'이라고 부른다.

> **파국**: 일이나 사태가 잘못되어 결딴이 남. 또는 그 판국

매우 비극적인 결말을 가리키는 이 말은 어쩌면 오래전부터 시작된 부패나 고장, 작은 원인이 오래 지속되다가 갑자기 꽝하고 터지면서 우리를 덮치는 것일 수 있다. 빨리빨리, 그리고 값싸게 해서 이윤을 많이 남기려는 자본주의 시대 욕망이 부실한 재료로 부실한 시공을 한 결과, 성수대교는 설계수명을 다하지 못하고 어느 날 폭삭 무너져 버렸다. 비슷한 시기에 벌어진 삼풍백화점 붕괴 사고도 마찬가지 과정을 거쳤다.

파국은 우리가 인식하지 못할 때 갑자기 엄습한다. 무언가 세상의 사이클이 갑자기 바뀌어 지금까지 당연히 적용하던 원리원칙이 들어맞지 않을 때 세상의 흐름이 찌그러지면서 결절이 오고, 당연했던 세상이 무너지며 파국이 온다. 과거와 미래의 전혀 다른 질서가 충돌하는 이런 과도기의 변화를 '패러다임 전환'이라고 부른다.

겉으로 보이는 사회질서는 왕을 정점으로 귀족, 평민, 노예로

구분되는 신분제와 봉건제를 유지하고 있는데, 많은 사람의 마음속에 '모든 인간은 평등하다'는 민주주의와 평등에 대한 사상이 확산되었다. 그러자 어느 날 귀족이 횡포를 부리는 작은 사건 하나로부터 대혁명이 터져 나오는 것이다.

90년대 말 전자 네트워크가 정보망을 통합하여 정보의 수신과 발신을 빛의 속도로 만들어 놓자, 24시간 돌아가는 주식, 선물, 펀드 시장에서 자본의 이동 속도가 엄청나게 빨라졌다. 하지만 금융기관의 업무는 전통적인 결재 방식으로 사람의 직책과 직급에 따라 이루어졌으니, 런던에 본사를 둔 오랜 전통을 자랑하는 은행이 은행장이 잠자는 사이 싱가포르의 펀드 트레이더에 의해 파산하는 사건이 벌어졌다. 사람과 일의 전통적 속도와 자본과 정보가 움직이는 속도에 괴리가 발생하고 틀어지면서, 기존 시스템에 파국이 왔던 것이다.

그리하여 21세기 뉴밀레니엄과 함께 디지털 혁명이라는 새로운 패러다임이 우리 사회를 바꿔놓았고, 제4차 산업혁명을 이끌게 된 것이다.

농경 문화를 살아오며 날씨와 농작물의 성장 경험을 쌓아온 우리가 과학기술 발전과 자본주의 체제가 구축한 대공장의 시대, 산업화로 접어들자 적응하지 못하고 혼란을 겪는 것은 너무나 당연했다. 농경 문화와 산업 문화는 크게 달랐던 것이다. 농사를 지을 때는 하늘의 태양만 바라보면 됐지만, 산업화 시대에는 손목의 시계를 보며 여러 가지 계획을 맞춰야 협업에 의한 성과가 나온다.

이러한 패러다임 전환 시기가 되면 우리는 과거의 경험을 꺼내어 쌓아 놓고, 불을 질러 다 태워버려야 한다. 그래야 다시 시작하는 순간을 맞을 수 있다. 새로운 미래를 맞아 과거의 경험을 다 버리는 경험 또한 새롭고 중요한 경험이다. 20세기 자본주의의 거대한 전환을 예견한 경제학자 조지프 슘페터는 이를 '창조적 파괴'라고 불렀다.

통상 자기 파괴는 죄악시되지만, 커다란 변화 앞에서 자신이 지켜온 경험들이 한갓 '매너리즘'에 불과할 때는 다르다. 창조적 파괴는 새로운 시작을 위한 필수적 행동이 된다. 문제는 언제가 파국인가를 예측하는 능력이다. 조금 일찍 예측해서 늦지 않게 행동할 수 있는 능력이 핵심 경쟁력이 된다. 변해야 할 때 변하지 못하면 도태되는 수밖에 없다. 그러니 경험을 중시하되 다가올 미래에 대한 냄새도 조금은 맡을 수 있어야 한다.

경험은
배신하지 않는다

살다 보면 공든 탑을 무너뜨려야 할 때도 있다. 그것은 더 크고 좋은 탑을 세우기 위함이다. 흥미롭게도 이러한 창조적 파괴의 경험은 여러 종교에서 강조하고 있다.

신약성경 예수의 일대기를 락 오페라로 만든 〈지저스 크라이스트 수퍼스타〉의 하이라이트 격인 마지막 유다의 노래에서도 그런 가사가 나온다. 예수의 12사도 중 하나였던 가룟 유다, 그 누구보다 스승 예수를 조국 이스라엘을 구해줄 메시아로 추앙했던 유다는 스승과 함께 한 여정의 끝이 죽음이라는 것을 알고 경악한다. 이 많은 군중의 마음을 사로잡고, 로마의 피식민 상태에서 벗어날 세력을 만들 구심점인 예수가 십자가 처형을 향해 나아간다는 것이 말이 되는 가? 그래서 절규하면서 부르는 노래가 '난 도무지 알 수가 없다, 왜 공들여서 세운 탑을 무너뜨리는가', 하는 지저스 크라이스트 수퍼스타이다.

불교에는 더 무서운 가르침이 있다. 길을 가다가 부처를 만나면 부처를 죽이라는 것이다. 도를 깨닫기 위해 구도의 길을 가며 수행을 하는데, 부처를 만난다면 깨달음을 얻을 텐데, 그 부처를 죽이고 가던 길을 계속 가라고 한다. 구도의 길에서 허명이나 허욕을 버리라는 가르침일 수 있으나, 어쨌든 파격적이다. 임제 선사의 이 가르침은 도를 구하는 자의 자세가 결과를 얻는 것보다 걸어가는 길, 과정 자체에 있다는 강조가 아닐까 생각하며, 지금 가는 이 길 자체에 집중하기 위해 마음을 가다듬어 본다. 종교의 본질 속에는 이렇듯 구원이나 구도에 대해 역설적인 가르침이 있다. 이런 가르침은 우리가 익숙하고 안일해질 때 우리를 자각시키는 효과가 있다.

우리의 삶에서 얻어진 경험이 우리 내면에 쌓여 있고 이것을 다시 살려내 가치를 극대화하려는 지금까지의 작업에서도 마찬가지다. 모든 것을 버리고 새로 시작해야 하는 파국의 시점이 있을 수 있다. 이러한 자각은 우리가 경험을 다루는 자세와 태도에 있어서 적절한 긴장을 더해준다.

외부에서 닥쳐오는 변화, 지금까지 우리가 알고 생각하던, 세상이 돌아가는 주기적 관성이 다 뒤바뀌는 패러다임 전환에 대비하게 하고, 우리 자신의 나태와 안일에서 오는 매너리즘을 경계하게 해주는 것이다.

하지만 그럼에도 불구하고 경험을 믿어라. 경험은 나쁜 경험조차도 우리에게 좋은 것을 주고, 좋은 방향으로 작용하는 힘이 된다. 어떤 시점에 익숙한 경험을 버리고 새로운 경험을 만들어 내려는 시도 또한 변화의 경험으로 우리 안에 저장되고, 그것은 경험이 갖는 힘의 일부이다.

쉽게 혼동할 수 있는 대목을 짚어보자. 경험을 습관을 포함한다. 앞서 '성공의 경험은 습관화하라'고 강조했지만, 경험이 습관은 아니다. 습관은 우리가 몸과 생활에 배도록 훈련하고 노력해서 만들어지기도 하고, 기질적인 생활방식이 자연히 몸과 생활에 배어서 생기기도 하고, 나쁜 경험의 반복으로 습성화되기도 한다. 습관은 우리 일상에서 반복적 결과로 성공과 실패를 가르는 분기점을 만들어 낸다는 점에서 우리 인생의 나비효과 초기에 작용하는 중요한 특이점이다. 하지만 경험의 힘에 비하면 정태적인 요인에 불과하다. 습관을 만들어 내기도 하고, 습관을 파괴하기도 하고, 습관을 바꾸기도 하는 원천이 경험에 있다.

경험은 우리 안에 있는 바다와 같다. 태풍이 몰아치고 변덕도 있어 통제하기 쉽지 않지만, 무한한 에너지를 품고 있다. 우리가 그것을 잘 활용하면 우리의 힘과 우리가 할 수 있는 것들의 범위가 크게 확대된다. 경험은 우리를 배신하지 않는다. 우리를 배신하는 것은 경험을 믿지 않는 불신과 무지일 것이다.

chapter 05

당신이 겪은
모든 것이
돈이 된다

공감과 감동이 있는 경험은 큰 가치와 비싼 가격을 지닐 수 있지만, 스토리와 맞는 수요가 존재하는 시공간이어야 시장이 성립된다. 경험이라는 보물은 마치 원유처럼 우리 안에 매장되어 있다. 그런데 아무리 좋은 경험이 있어도 갇혀 있으면 팔지 못한다. 우리의 경험은 잘 다듬어져 상품화된 스토리이자 콘텐츠여야 하고, 적합한 상황의 시공간에서 수요자에게 공급되어야 한다. 콘텐츠로 잘 다듬어진 경험이 흘러나와서 다수의 사람들이 연결되어 있는 네트워크를 따라 흐르게 하는 것, 그것이 공유의 과정이다. 모든 사람이 우리의 경험을 필요로 하지는 않기에, 우리의 경험이 필요한 대상을 찾아야 한다. 그들도 당신을 찾고 있을 것이다.

경험 부자가
진짜 부자가 못 되는 이유

어떤 경험이든, 경험은 나름대로의 가치가 있다. 경험은 스토리이고, 스토리텔링이 잘 된 경험은 콘텐츠가 된다. 콘텐츠가 상품이자 자산이고 앞에서 말했듯이 경험 콘텐츠 상품이 팔리는 시장은 활짝 열려 있다.

경험담을 책으로 쓰거나 영화 혹은 드라마를 만드는 등 자신의 경험으로 만든 콘텐츠로 돈을 번 사람들을 우리는 꽤 많이 알고 있다. 그런데 생각해 보자. 경험은 나에게도 있는데, 왜 나는 경험으로 돈을 벌지 못했을까? 유년기, 성장기에 친구들과 재미있었던 이야기도 많이 떠오르고 이런저런 취미와 취향에 빠져 용돈도 많이 썼고 레트로 문화에 대해 할 말도 많고 연애도 해봤고, 사회생활하며 이런저런 직업과 직장 경험도 있고, 실패한 이야기는 꽤나 쌓여 있고 성공과 성취의 순간도 몇 가지 생각나는데, 왜 나만 돈이 없을까?

이유는 간단하다. 내 경험은 세상 밖으로 나가지 못하고 내 안에 갇혀있기 때문이다. 그동안 자신이 가진 자산의 가치를 스스로 모르거나 인정하지 않아서 세상에 내놓지 않았으니, 경험 비즈니스가 될 리가 없지 않은가? 또 한 가지 잊지 말아야 할 것은 경험을 기억의 호수에서 건져 올린 것으로 다 된 것이 아니라, 갈고닦아 빛이 나도록 상품화 과정을 반드시 거쳐야 한다는 점이다.

나는 기업체와 대학에서 강연을 일찍 시작했기 때문에 연배에 비해 강사 경력이 꽤 길다. 1997년 IMF 이후 대기업 해고 광풍이 불면서 전통적이고 재래적인 업종에 있던 인력에게 디지털 사회에 필요한 소양과 스킬을 교육해서 업종 전환에 투입해야 할 수요가 급증했다. 그때 IT 벤처기업 대표였기 때문에, 1998년 만 서른둘 나이에 포스코 그룹 산하 '포스 데이터'라는 기업에서 첫 강의를 시작했다. 이후 다수 기업체와 몇몇 대학에서 강의를 해왔다.

건국대학교 문화예술대학 디자인 전공 학생들에게 마케팅 커뮤니케이션 과목을 10년간 가르친 것이 보람 있었고, 지금도 경희사이버대학교에서 미디어 커뮤니케이션과 콘텐츠 비즈니스, 창의적 아이디어를 사업화로 연결 짓는 방법론 등을 7년 이상 강의하고 있다. 기업체에서는 전문 강사 영역에 속하는데, 조직의 변화 관리 전략, 외부환경의 정보와 지식을 효과적으로 습득하는 학습조직의 팀 빌딩, 제4차 산업혁명이라는 변화 속에서 조직의 적응 전략 등을 특강하고 있다. 2004년부터는 주간지와 월간지에 칼럼을 기고하고 있고, 2012년 이후 방송에서 정치 평론을 하다 보니 모 대학 교육대학원에서 '한국 정치의 이해' 같은 과목을 강의하기도 한다.

그런데 이런 주제 말고 조금 특이한 강의 경험을 소개하려고 한다. 어느 해 5월, 교육 컨설팅 업체에서 강연 의뢰가 왔다. 기업체의 전문 영역 강의는 주로 연수원에서 합숙으로 이루어진다. 요즘 강의 추세는 과거처럼 빔 프로젝터로 교재를 띄워 놓고 마이크 들고 말로만 하는 방식이 아니라, 액티브 러닝을 많이 도입한다. 조를 짜고 기본 내용을 짧게 강의한 후, 조별로 실제 비즈니스에 적용할 수 있는 응용 사례로 분임 토의도 시키고, 미션을 부여해서 발표와 경쟁을 시키는 방식으로 진행하는 경우가 많다. 따라서 강의 시간이 짧아도 4~6시간, 길면 8시간으로 하루 종일 하거나 18시간으로 1박2일 동안 하는 경우도 있다.

그 강연은 한 시간짜리였다. 임원 대상으로 한두 시간짜리 새로운 트렌드나 새로운 변화 및 생존 전략에 대한 특강이 없는 것은 아니었다. 그런데 대기업 계열 회사에서 서울에 있는 본사 강당에 모인 전 직원 대상으로, 딱 한 시간 동안 '효도'를 주제로 강연을 해달라는 것이었다. "효에 대해 한 시간 강연, 가능하시겠어요?" 라는 에이전트의 물음에, 나는 가능하다고 답했다. 그리고 왜 이 강연 요청을 나에게 했느냐고 물었다. 그랬더니 회사의 CEO가 인성의 기본으로 효를 강조해서 매년 5월에 유명한 강연자들을 불러 효도 특강을 해왔는데, 이제는 강사 풀이 바닥났다는 것이다. 그래서 신선하게 효도 전문 강사가 아닌 강연자를 찾기로 했다는 것이다.

강연 당일 수백 명의 임직원이 강당을 채웠고, 뒷줄 한가운데 근엄한 얼굴의 CEO가 자리 잡고 있었다. 강연이 시작됐다.

"이 세상에서 여러분을 가장 잘 아는 사람은 누구일까요? 부모님? 그럴 수 있죠. 그렇다면 여러분은 누구와 가장 많은 소통을 하십니까? 부모님? 아뇨. 배우자? 아뇨. 아하, 주로 친구와 동료들. 여러분을 가장 잘 아는 사람은 여러분이 일상적 소통을 가장 많이 하는 사람이죠. 한국인들은 가장 소중한 관계로 가족을 꼽는데 정작 가족과 소통하거나 함께 하는 시간을 많이 갖지는 않습니다. 이중성이 있고, 모순적이죠."

그리고 이북에서 월남한 할아버지와 할머니, 훌륭한 부모님 슬하에서 삼 남매가 얼마나 행복하고 즐겁게 자랐는지, 내 경험을 이야기하기 시작했다.

"장남인 저는 말썽도 안 부리고 의젓하고 모범생으로 성장기를 보내며 신뢰받는 아들이었습니다." 그리고 앞서 말했던 '불행 총량의 법칙'을 꺼내 들었다. 벤처사업을 시작하면서 맞닥뜨린 세상의 풍랑과 태풍, 아이 아빠로서의 고뇌, 가장 힘들 때 세상을 뜨신 아버지, 할머니의 편지 이야기 등을 말이다.

"이 힘든 시기에도 저는 가족에게 미안하기만 했지 힘든 이야기를 별로 하지 않았습니다. 그런데 지나고 보니 기댈 곳은 가족밖에 없었습니다. 그러니 저는 불효자입니다. 여러분은 저처럼 하지 마시기를 바랍니다. 좋은 일과 나쁜 일을 다 나누어야 가족인 것이죠. 오늘 퇴근해서 귀가하시면 함께 하는 가족과는 얼굴 보며 소통하시고, 부모님이 멀리 계시면 전화 하세요."

50분이 지났고 강연은 끝났다. 강연이라기보다 자기고백에 가까웠기에, 통상 강연이나 강의를 마치면 느껴지는 뿌듯함보다 부끄러움이 몰려왔다. 그런데 뒷줄 가운데 앉아 있던 CEO가 일어나 박수를 치기 시작했고, 이어서 임직원들이 모두 일어나 우레와 같은 박수를 보내 주는 것 아닌가.

CEO는 "오늘 강연이 근래 들어 가장 신선하고 좋았다."며 칭찬을 하고 자리를 떠났고, 교육팀장은 "회장님이 더 넣으라고 하셨습니다." 하면서 강연 사례비 봉투를 건네주었다. 그날 한 시간 강연으로 받은 강연료는 지금까지 내가 단일 강의와 강연으로 받은 돈 중에 최고 기록을 지키고 있다. 그 이후로 나는 효도에 대한 강의만 하고 싶었지만 그 경험은 한 번으로 끝이었다.

그때 얻은 중요한 교훈은 실제 경험하고 느낀 바를 생생하게 정리해서 전달할 때, 공감과 감동이 물결처럼 퍼져 간다는 것이었다. 그리고 그러한 공감과 감동이 있는 이야기는 큰 가치와 비싼 가격을 지닐 수 있다는 것이었고, 스토리와 맞는 수요가 존재하는 시공간이어야 시장이 성립된다는 것이었다.

우리의 경험은 잘 다듬어져 상품화된 스토리이자 콘텐츠여야 하고 적합한 상황의 시공간, 경험의 시장에서 수요자에게 공급되어야 한다. 가치를 인정받기 위한 마케팅 포지셔닝이 필요하다. 이제부터 이것에 대한 이야기를 해보기로 하자.

당신의 이야기를
공유하라

'구슬이 서 말이라도 꿰어야 보배'라는 속담을 모르는 사람은 없을 것이다. 이 속담은 경험에도 그대로 적용된다. '경험이 열 가마라도 나눠야 보배'로 바꾸면 된다. 우리가 다루는 경험이라는 자산은 마치 원유처럼 우리 안에 매장되어 있다. 금고 안에 있고 창고 안에 있고, 땅속에 있고 우리의 마음과 머릿속에 있다. 그런데 경험이 아무리 많이 매장되어 있어도 꺼내지 않고 갇혀 있으면 죽어 있는 것과 같다. 매장된 경험은 세상 밖으로 흘러나오고 뿜어져 나와 다른 이들에게 들리고 보이고, 만져져야 한다. 공유해야 하는 것이다.

살아 움직이면서 다수의 사람들이 연결되어 있는 네트워크를 따라 흐르게 하는 것, 그것이 공유의 과정이다. 공유는 개방·연결·참여·관계·소통·경청·대화를 망라하는 폭넓은 과정이다. 하지만 우리의 경험을 필요로 하는 타깃이 모든 사람인 것은 아니다. 우리의 경험이 필요한 대상을 찾아야 한다. 그들도 분명 당신을 찾고 있을 것이다. 우리의 경험이 그들에게 필요한 간접 경험이 될 것이기 때문이다.

여러 사람 앞에서 당신이 무언가 이야기를 들려준 첫 경험은 무엇이었는가? 어떤 이야기였고, 어떤 사람들이 모여 있었으며 그들의 반응은 어땠는가? 그 경험을 떠올리고 이제는 무대 울렁증에 난감하여 혼란스럽고 부자연스럽던 당시의 당신이 아니라, 느긋한 평가자의 입장에서 이야기하고 있는 당신을 내려다보라. 그리고 더 효과적으로 전달하려면 어떻게 했어야 좋을지도 생각해 보자.

가장 중요한 것은, 자신의 이야기를 들려주고 있지만 상대의 입장에서 수긍하고 이해하고 필요한 이야기여야 한다는 것이다. 듣는 이의 입장에서 나 자신의 이야기를 전달해야 한다. 내가 말을 하는 화자(話者)이면서 동시에 청자(聽者)로서 생각해야 하는 것이다. 일대일 혹은 일대다, 아니면 다른 어떤 형식의 이야기 전달이든, 이야기를 통해 연결되고 공감하고 연대할 수 있어야 좋은 소통이 된다.

내가 다른 사람에게 내 이야기를 한 첫 경험은 초등학교 6학년 때로 거슬러 올라간다. 어느 날 방송국 라디오 프로그램에서 학교를 찾아왔다. 어느 방송국이었는지 기억은 나지 않지만, '뽀빠이 아저씨'라는 제목의 학교 탐방 프로그램으로, 진행자가 뽀빠이 아저씨라는 별명으로 잘 알려진 이상용 선생님이었다.

그때 이야기의 주제가 바로 '이야기'였다. 6학년 전체 학급에서 몇 명의 학생을 뽑아 아이들의 다양한 이야기를 듣는 포맷이었고, 나는 '과학 이야기'를 하기로 했다. 나는 그 당시 읽었던 아이작 아시모프의 공상과학소설 '로봇 머신 X'라는 작품을 요약해서 이야기했고, 뽀빠이 아저씨는 재미있어 했다. 이 작품은 인공지능 기술이 당시에 비하면 일취월장한 지금도 내가 가끔 소재로 삼을 만큼 의미 있는 이야기이기도 하다.

녹화방송이었기 때문에 나중에 라디오 리시버를 통해 내 목소리와 이야기를 듣는 기분이 묘했던 기억이 난다. 나에게는 그때 경험이 소중했기에, 몇 해 전 어떤 방송 프로그램에서 이상용 선생님을 만났을 때 "제가 지금 여기서 선생님을 뵙게 된 것도 어쩌면 어릴 때 만남이 동기가 된 것은 아닐까요?" 하고 그때 이야기를 했더랬다.

두 번째 기억은 시간이 흘러 대학 3학년인 1987년 6월의 기억이다. 전두환 정권의 마지막 해, 대선을 앞두고 당시 거의 모든 대학이 수업을 제대로 하지 못했다. 학생총회를 통해 기말고사 거부와 동맹휴학을 하고 거리로, 거리로 쏟아져 나오던 민주화 운동의 나날이었다. 나는 학교 밖에서는 바쁘고 활동적이고 말 많은 청년이었지만 학교 안에서는 대체로 말이 없이 조용히 지내는 학생이었다.

집회에 참가하지 않은 학생들까지 최루가스에 눈물 흘리는 날이 많았고, 기말고사가 다가왔다. 당시 문과대학, 상경대학, 법과대학, 교육대학, 가정대학 등 학생들은 집회를 열고, 기말고사와 수업 거부를 결의했다. 그러나 내가 속한 공과대학의 기류는 좀 달랐다. 사회적 이슈에 둔감한 친구들이 많아서 공부하자는 의견이 더 강했다. 대세가 기울어 간다고 생각했을 때, 나는 단상에 올라 마이크를 잡았다. 학교에서는 수업만 들을 뿐, 몇몇 친한 친구들과 사적인 소통 외에 내가 전체 앞에 나선 것은 처음이었다.

당시 나는 불확정성의 원리라는 개념으로 유명해진, 노벨물리학상을 탄 물리학자 베르너 하이젠베르크의 저서 '부분과 전체'에 감명받은 상황이었다. 그 책에는 '과학기술자도 사회적 문제에서 자유롭지 않거니와 사회 변화에 참여해야 한다'는 주장이 세계대전 후 유럽의 경험으로 역설되던 대목이 있었다. 나는 그 이야기를 꺼냈다. '우리가 엔지니어가 될 것이고, 과학기술자의 입장이라고 해서 지금

사회의 격동을 외면해서는 안 된다. 오히려 과학적 체계와 논리를 가지고, 사회의 문제를 고치는 소셜 엔지니어의 역할에 나서야 할 때 아닌가?' 하는 주장이었다. 그 결과 내가 속한 학과도 타 단과대학들의 흐름에 동참하게 되었다.

지금도 나는 매일 방송을 통해 현재의 뉴스와 이슈를 분석하고 논평한다. 방법은 똑같다. 집단의 경험 속에서 우리 사회가 놓여 있는 상황과 나아갈 올바른 방향을 모색하고, 전망을 내놓는 것이다. 선택과 결정은 각자의 몫이다.

하루에 여러 개의 방송을 할 때는 '오늘 TV에 많이 나오던데, 한 가지 이슈로 여러 방송을 하니 하루가 끝날 무렵에는 앵무새가 되어 있지 않느냐'는 농담 섞인 비판을 들을 때도 있다. 물론 정치 평론만으로 하루에 열 개 안팎의 방송을 할 수는 없다. 많으면 두세 개일 것이다. 경제, 사회, 문화 이슈 등을 함께 다루기 때문에 많은 방송 출연이 들어오고 활동의 장이 넓어지는 것이다. 솔직히 말해서, 우리 사회의 시사 프로그램이 정치 영역에 과잉 몰입한 것 아닐까 고민할 때가 많다. 우리가 다루고 토론하고 해결책을 모색해야 하는 사회적 과제들은 더 다양한 영역에 걸쳐 있기 때문이다.

타인들에게 나 자신의 경험을 이야기하기 시작할 때, 그 출발

점은 어색하고 자신 없고 불안할 수 있다. 하지만 해야 한다. 적절한 시점에 적절한 대상을 향해서 이야기할 때 경험은 공유되고 휴먼 네트워크를 타고 흘러야 생명을 얻게 되며 그 힘이 점점 더 강해진다. 사람들이 다 아는 이야기가 전설이 되는 것이다. 전설은 하늘에서 뚝 떨어지는 것이 결코 아니다.

레시피가
필요한 이유

경험의 상품화는 여러 가지 식재료를 쌓아 놓고, 하나의 일품 요리를 만드는 과정과 비슷하다. 기가 막히게 좋은 유기농 식재료를 가지고도 맛없고 한심한 음식이 나올 수 있고, 냉장고에 하염없이 쌓여 있던 그저 그런 재료들로 깜짝 놀랄 음식이 만들어지기도 한다. 그 이유와 비결은 무엇일까? 요리하는 사람의 레시피가 열쇠이다. 요리가 아니더라도 우리는 자신의 특징이 드러나는 고유한 레시피로 무언가 맛깔스럽게 만들어내는 재주를 하나쯤은 가지고 있다. 그것이 생각이든 말이든 행동이든 다른 무엇이든 상관없다.

그것을 스스로에게서 발견한 사람은 자기 분야와 자기 위치를

남들보다 빨리 잡고, 먼저 성장해 나간다. 경쟁에서 앞서가는 사람이
된다. 하지만 조금 늦었다고 좌절하거나 절망할 필요는 없다. 이 책
은 더디게 가는 사람들을 위한 것이다. 서론에서 이미 성공한 사람
이 굳이 이 책을 읽을 필요는 없다고 밝히지 않았는가? 나 스스로가
다양한 경험과 경력을 거쳐 마흔다섯 늦은 나이에 평론 분야에 들어
왔고, 오십이 넘어서야 잘 나간다는 소리를 듣게 된 늦깎이 직업인이
다. 그러니 다들 힘을 내기 바란다. 아직까지 발견하지 못했다면 이
제부터라도 자신만의 비결을 찾아 개발해 나가면 된다.

  자, 당신만의 레시피로 돌아가자. 나는 요리를 정말 못한다. 그
런데 나름 미식가다. 그러니 맛집을 찾아다니며 돈을 많이 쓸 수밖에
없다. 하지만 자신만의 레시피가 있는 요리가 있느냐고 묻는다면 라
면이라고 대답할 수 있다.
  내가 레시피에 집착하는 이유는 프랑스 대통령을 지낸 퐁피두
씨 때문이다. 선진국의 특징은 중산층 문화가 발달했다는 데에 있다.
어느 나라나 최상류층은 돈이 많기 때문에 세계에서 제일 좋은 상품
들을 소비한다. 그래서 선진국 부자든 내전을 겪는 가난한 나라의 부
자든 가장 값비싼 브랜드의 와인이나 위스키를 소비하고, 가장 명품
이라는 브랜드의 옷을 입고 잘 알려진 명품 시계를 찬다. 아무리 돈

이 많아도 부자의 스타일 차별화나 소비의 선택권은 그리 넓지 않다.

빈곤층은 생계선상에서 악전고투하며 가처분 소득이 없으니 스타일의 추구라는 말 자체가 와닿지 않는다. 그래서 어느 사회든 대중 트렌드를 이끄는 것은 중산층의 창의성인 것이다. 그런데 나라마다 중산층에 대한 시선, 개념과 정의가 다르다. 우리나라의 중산층은 어떤 사람들일까? 대출 없는 자기 집과 월 500만 원 이상의 소득이 있고, 1억 원 이상의 예금을 가지고 있으며, 일 년에 한 번은 가족 해외여행을 하고, 계절마다 골프 치러 다닐 수 있으면 된다.

하지만 프랑스의 퐁피두 대통령은 중산층에 대해 다른 개념의 정의를 내린다. 해외여행 경험이 있고 두세 개 나라에 체류를 했으며, 하나 이상의 외국어를 구사하고 악기도 한두 개 연주할 줄 알며 집에 손님을 초대해 별미 음식 하나쯤 직접 만들어 대접할 수 있고, 남의 집 아이를 자신의 자식처럼 꾸짖을 수 있고, 정의를 위해서 거리에 나서는 계층이 중산층이라는 것이다. 재산 보유와 소비 패턴이 아니라 질적인 의미의 중산층 분석이 좋다.

나는 '손님을 초대해서 하나 이상의 특식을 요리해서 내놓고 즐길 수 있어야 중산층'이라는 대목이 문화적으로 멋지다고 느꼈다. 그런데 요즘 우리나라 트렌드가 그렇게 흘러가고 있는 것 같아서 기분이 좋다. 당신만의 특선 요리 레시피는 무엇인가? 성경 말씀처럼 사람이 빵만으로 사는 것은 아니다. 맛있는 음식으로 혀가 즐겁고 배가 불렀다면, 그다음은 거실에 모여 커피나 와인을 곁들여 이야기꽃을 피우기 마련이다. 이럴 때 당신의 이야기 레시피는 무엇인가? 어떤 경험, 어떤 느낌과 생각을 공유하여 벗들과 공감대를 강화하는가? 어떤 경험의 지식을 나누면서 상호 이해를 깊게 하고 공동체의 연대를 고양시킬 것인가?

좋은 음식을 만드는 레시피의 조건과 좋은 이야기를 만드는 레시피의 조건, 육체와 정신을 위한 양식의 요소는 크게 다르지 않다.

첫 번째는 재료의 선택이다. 신선하고 싱싱한 식재료가 필요한 것처럼 재미있는 이야기의 주제와 소재가 필요하다.

두 번째는 조리법이다. 샐러드 같은 것이 아니라 화학적 변화를 필요로 할 경우, 시간이 걸리는 자연 발효가 아니라면 주로 불 조절, 열을 가하는 정도와 시간이 관건이다. 설익어 맛이 없거나 질겨지거나 재료의 상태가 파괴되어 맛이 없어지지 않도록 적당한 열을 가하는 것이 중요하다. 이야기도 마찬가지다. 이야기의 열은 경험의 강도 정도로 보면 좋을 것이다.

세 번째는 양념이다. 이야기에도 핵심 뼈대에 재미를 붙이기 위해 멜로, 스릴, 공포, 수수께끼 등 다양한 양념을 첨가할 수 있다.

재료와 열, 조리 과정의 노하우, 그리고 양념으로 당신의 경험 이야기를 맛깔스럽게 만들어 멋진 플레이팅과 함께 만찬에 올려보자. 사람들이 당신의 이야기를 듣기 위해 눈을 반짝거리며 모여들 것이다.

잘 만든
연극처럼

경험의 맛과 맛의 경험은 통하면서도 서로 다르다. 맛의 경험은 미각이라는 감각을 통해 우리가 맛보았던 경험에 대한 이야기다. 하지만 경험의 맛이라고 할 때 '맛'은 미각이 아니라 맛의 개념을 폭넓게 확장한 개념이다. 우리가 경험에서 느꼈던 것과 경험을 재생하고 복기하고 공유하면서 느끼는 것들을 통칭하는 것이다.

어떤 하나의 경험을 공유할 때 전달되는 의미, 정보와 지식을 포함한 교훈, 지혜, 깨달음도 경험의 맛이고, 색다른 경험 이야기를 전달받으며 느끼게 되는 재미와 흥미 유발도 경험의 다양한 색깔이자 맛에 해당한다. 공유한 경험이 뭔가 미묘한 분위기를 담고 있어

나중에 생각할수록 매력을 느끼게 되는 가치가 있다면, 그 경험이 지닌 묘미 역시 묘한 맛으로 사람들이 선호하게 될 것이다.

제일 나쁜 것은 '무미', 즉 아무런 맛도 느껴지지 않는 경험 이야기일 것이다. 무미의 예외라면 마치 평양냉면처럼 별다른 맛이 느껴지지 않는 자체가 맛있다고 평가받는 특이한 경우 정도가 아닐까. 맛없는 것이 맛있다고 평가받는 경우 외에는, 우리가 시장에 소개하려는 이야기는 나름의 맛을 담아야 한다. 경험의 맛은 경험을 상품화하는 과정에서 특히 중요하다는 사실을 명심해야 한다.

나는 인간이란 무엇인가, 어떤 존재인가를 이야기할 때 로저 젤라즈니라는 작가의 『프로스트와 베타』라는 중편 공상과학 작품을 예로 들 때가 있다.

미래 어느 시대, 지구에서 인간은 완전히 멸종했다. 하지만 인간이 지구를 관리하기 위해 만들어 놓은 인공지능 시스템은 여전히 작동하고 있다. 지구는 태양을 상징하는 이름의 솔컴이라는 최상위 컴퓨터가 관리한다. 솔컴은 북반구는 프로스트라는 인공지능에게, 남반구는 베타라는 인공지능에게 각각 분할 관리하도록 만들었다. 그런데 인간은 늘 이중, 삼중으로 위험에 대비했기 때문에 솔컴이 고장 날 경우에는 디브컴이 솔컴의 권한을 위임받도록 준비해 두었다.

한때 솔컴은 잠시 오작동을 일으켰는데 이때 디브컴이 깨어났다. 솔컴은 스스로 자기 복구를 완료하고 정상으로 돌아왔는데 디브컴은 자신이 지구를 통제하겠노라 선언한다. 솔컴은 자신은 정상이므로 디브컴은 작동을 멈추라고 경고하고, 디브컴은 자신이 깨어난 자체가 솔컴의 임무가 종료됐다는 의미이니 권한은 자신에게 있다고 주장한다. 이때부터 솔컴과 디브컴 간에 권력 투쟁이 시작되었고, 이어진다.

한편 북반구를 위임통치하는 프로스트는 금지된 일인 디브컴 측과 접촉을 하게 되는데 이때부터 차단된 정보였던 멸종된 인간의 문화를 알고, 관심을 갖게 된다. 인간의 미술을 보고, 음악을 듣고, 문학을 섭렵하지만 인간의 마음, 느낌, 감상을 가져볼 수 없었고, 바다로 가서 너무나 아름다운 석양의 풍경을 바라보지만 인간 같은 감동은 느끼지 못한다. 오히려 프로스트는 인간 존재에 대한 동경과 호기심만 커 갈 뿐이었다.

어느 날, 프로스트는 인간과 똑같은 유기물의 구성으로 인간의 육체를 구성하고, 자신의 정신을 육체에 주입하는 실험을 한다. 솔컴과 디브컴, 남반구를 관장하는 베타가 이 과정을 주목하고 있다. 인간의 육체로 깨어난 프로스트가 외친다. "괴롭다."

'고통'을 느끼지 못하는 인공지능들은 이 한 마디에 프로스트를 '인간'으로 인정하고, 지구에 다시 나타난 인간에게 복종을 맹세한다. 프로스트는 남반구의 베타를 여성으로 재탄생 시키고, 지구 위 새로운 최초의 인간으로 살아간다.

이 이야기 안에는 인간 존재에 대한 철학적 질문과 답이 있다. 의미를 내포하고 있는 작품인 것이다. 인간이 만든 기계인 인공지능들이 등장하지만 이야기 구성을 보면 하늘의 솔컴은 신, 지구 지하의 디브컴은 반대 측의 악마와 비슷한 대립 구도여서 갈등의 이야기가 흥미와 재미를 자극한다. 지구상에서 마지막으로 사망한 인간의 유해를 실은 트럭이 지상을 돌아다니며 '지구에 존재한 마지막 인간이다.'라고 방송을 하는 장면이 있는데, 이 장면은 지구 종말을 그로테스크 하게 그려내는 연출적 효과가 있다.

프로스트는 다른 컴퓨터들과 다르게 이름도 고유하게 지어져 있고, 왜 인간의 문화를 이해하려는 노력을 하게 되었는지 궁금하다. 그리고 마지막 한 마디의 외침, 괴롭다는 표현으로 인간으로 인정받는 장면도 참 절묘하다. 존재에 대한 탐구의 묘미가 있는 것이다. 그가 베타라는 존재에게 인간적 감정으로 끌리고, 짝이 되는 성별의 반려자로 재탄생 시키는 대목은 최초의 인간 아담과 하와의 신화를 연상하게 한다. 그런데 옛 신화를 전도 시키는 것은, 신이 인간을 창조하는 것이 아니라 스스로 인간이 된다는 설정이다. 이러한 설정은 보는 사람들에게 여러 생각의 모티브를 제공하고 있다.

　이야기의 다양한 맛을 느껴보려는 예로 상상력에 의해 창조된 작품을 들었다. 실제 경험은 아니지만, 좋은 이야기는 우리의 궁극적 고민에 감정을 이입하고 몰입할 수 있는 힘을 가지고 있다. 우리가 소설이나 연극이나 영화를 볼 때 나의 이야기가 아님에도, 내가 언젠가 했던 생각, 가졌던 고민, 들었거나 했던 말 같은 내 경험과 포개질 때 자극과 반응이 일어난다. 상호작용을 하게 되는 것이다. 잘 만들어진, 한 편의 연극처럼 연출되고 구성된 나의 경험 이야기를 만들어 보자. 그리고 다양한 맛을 첨가하여 경험 이야기 상품화의 트레이닝을 시작해 보자.

상품화한
경험을 팔아라

여러분은 경험 회사를 만들고, 경험 연구실에서 상품화하는 과정을 거쳤다. 그렇다면 경험 공장을 건설하여 경험 상품을 생산하고, 시장에서 마케팅과 세일즈를 통해 판매하고, 공급해야 한다. 경험을 파는 회사, 낯설게 느껴지는가? 하지만 우리 주변에는 경험을 거래하는 사업이 매우 많다. 다만 경험을 판다고 대놓고 말하지 않을 따름이다.

명품 브랜드로 인정받거나 장인이나 달인의 식당으로 인정받으려면, 3대에 거쳐 100년 정도는 맥을 이어온 기업이나 가게여야 한다고들 말한다. 그 정도면 사회적으로 '인정' 받은 공급자라는 것이다. 신뢰, 공신력, 역사성, 가치 등이 인정되었다고 볼 수 있겠다.

그렇다면 어리석어 보일 수도 있는 질문을 하나 던져 보자. 오래된 회사와 가게가 왜 좋은가? 신장개업한 가게도 맛과 가성비로 승부를 보겠다고 도전장을 던지는데, 왜 사람들은 허름한 노포를 찾아 줄을 서는가?

많은 사람들이 이런 곳은 다양한 경험과 노하우가 쌓여 있을 거라고 생각하기 때문이다. 첫 장에서 이야기 한 내용이 기억나는가? 왜 기업들이 신입보다 '경력자'만을 찾는가? 경력자는 경험자이고, 입사 전에 해당 업종을 겪어서 알고 준비되고 숙련된 인력이기 때문에 기업은 경력자를 찾는다.

오래된 가게를 찾는 것은 우리가 고용주가 아닌 구매자, 고객, 손님의 입장에서도 경력자를 찾는다는 것이다. 내가 선택한 공급자가 신규 사업자가 아니라 이 분야의 베테랑이기를 기대하는 것이다. 따라서 우리는 이 분야에서 오래된, 관록 있는 사업자여야 하고, 풍부한 경험을 파는, 또는 경험이 주 상품이 아닌 부가가치라 하더라도 끼워 파는 것이 경쟁력이자 차별화이고, 우리의 상품과 서비스를 파는 데 큰 장점이 된다.

이외에도 개인으로서, 구매자로서 우리의 단편적인 경험은 수시로 팔려나가고 있다. 빅데이터라는 이름 속에 우리의 매일 매 순간의 경험이 담겨 있다는 것을 아는가? 물론 아주 제한적이고 작은 경험의 파편들이긴 하지만 말이다. 우리가 개인 정보를 입력하고 회원으로 가입한 금융기관과 금융사, 공공기관, 업체와 업소, 개인 정보를 입력하면 포인트가 적립되는 프랜차이즈 브랜드들, 로그인을 하는 회원제 사이트가 몇 개나 될까? 아마 얼핏 떠올리는 숫자보다 훨씬 많을 것이다.

그들은 구매 이력이라는 소비의 경험을 차곡차곡 쌓고 있다. 나는 써먹지 못하는 나의 경험을 그들은 써먹고 있다. 그렇지 않다면 나에게 전화 문자로, 여러 메신저 톡으로, 이메일로, SNS로 그렇게나 많은 마케팅 메시지가 날아올 리가 없다. 현대의 기업들은 고객인 나의 소비 패턴을 부문 별로 나보다 훨씬 자세히 분석하여 잘 알고 있다.

예를 들어 나는 내가 지난 10년간 구매하고 읽은 책을 다 기억하지 못한다. 하지만 내가 주로 도서를 찾고 구매하여 배송시켜온 온라인 대형서점은 지난 10년간 나의 도서 구매 이력과 독서생활을 나보다 정확히 알고 있다. 물론 오프라인 서점에서 즉흥적으로 구매한 일부 도서에 관한 데이터는 빠져 있겠지만 말이다.

거래은행이나 몇 년 전에 들렀던 안경점, 콘텐츠를 유료로 이용하는 영화, 드라마 사이트나 뮤직 스트리밍 사이트에서 보낸 생일 축하 메시지를 받아본 경험은 누구나 있을 것이다. 택시 앱은 내가 켜기만 하면 'KBS 본관 가시나요? SBS 목동사옥 가시나요? 연합뉴스TV 서울본사 가시나요?' 물어본다. 반복되는 일상이기 때문에, 특별하게 바뀐 스케줄 외에는 그들의 데이터가 거의 정확하다.

내가 잊고 있던 소소한 경험을 기억, 저장하고 있는 기업들은 나의 생활 경험, 소비 경험 정보를 디테일하게 활용한다. 나는 나도 모르게 나 자신에 관한 정보를 팔고 있었다. 소정의 포인트와 마일리지, 쿠폰을 받는 대가로 말이다. 그것들은 모두 공짜가 아니었던 것이고, 나는 나도 모르게, 내 경험 정보를 그들에게 헐값으로 팔아넘기고 있었던 것이다.

거의 공짜로 제공한 정보들도 많다. 내가 여름휴가 전 휴양지 관련 정보를 포털이나 SNS에서 검색하면 국내외 휴양지, 관광지 호텔에 관한 정보부터 레저에 관한 콘텐츠가 SNS 구석구석에서 나타난다. 어쩌다 멋진 시계 포스팅을 보고 클릭이라도 하면, 한동안 이런저런 브랜드의 시계 사이트가 내가 보는 SNS에 게시되고, 나열된다. 패션, 생활 소품, 음식에 관한 정보들도 마찬가지이다.

그러니까 나의 검색 경험은 온라인 디지털 세상에 그대로 지문이자 족적, 내가 움직인 흔적이자 궤적으로 남는다. 그리고 누군가는 내 경험을 역이용하여 타깃 마케팅을 하고, 나는 그중에 몇 번인가는 낚여서 구매 행위를 하는 과정의 반복이 있었던 것이다. 물론 그 구매 행동에 스스로 만족했다면 공급자와 구매자가 윈-윈 하는 좋은 거래였겠지만, 유감스럽게도 내 책상 위와 서랍 안, 선반에는 굳이 필요 없는 잡다한 것들이 쌓여 있다.

이제 나의 파편화되고 분절된 빅데이터의 한 칸을 채우는 경험 데이터가 아니라, 질적인 가치를 지니고, 내가 완결성을 부여한 온전한 경험 스토리, 경험 콘텐츠를 상품으로 팔기 위한 준비와 시도를 해야 할 타이밍이 왔다.

카운슬링이
필요하다

경험의 가치를 높이기 위해서는 카운슬링이 필요하다. 다음에 이야기할 경험 컨설팅이 경험 카운슬링과 혼동을 일으킬 수 있기 때문에 먼저 구분해 두기로 하겠다.

카운슬링과 컨설팅은 양쪽 다 어떤 문제점에 대한 해결책을 모색하는 과정이라는 유사성이 있다. 상담, 조언, 자문 등이 포함되며, 문제를 파악하고 분석해서 최적의 적절한 해법을 제시해 준다. 그 해법을 통해 문제를 치유하고 성공 목표를 향해 매진하고, 성장할 수 있도록 도와주는 전문적인 방법론을 체계화하고 있다.

그런데 다루는 대상에 차이가 있다. 상담, 즉 카운슬링은 주로 사람의 심리와 개인을 대상으로 한다. 불안, 좌절, 어떤 큰 사건에 의한 외상 후 스트레스 장애, 트라우마, 여러 가지 성격적 문제들, 관계에서 비롯되는 문제들을 해결하기 위한 것이다. 개인을 대상으로 한다고 했지만 문제들이 사람 사이의 관계에 기인하기도 하기 때문에, 부부 상담, 가족 상담, 집단 상담 등 복수의 대상으로 확대될 수도 있다. 우리의 인격은 혼자만의 영역에서 형성되지 않기 때문에, 그래야만 문제의 본질을 명확히 분석할 수 있는 경우가 대부분이다.

주변 환경과 주변 사람들, 그리고 우리가 성장기와 그 이후 겪는 사건들은 우리의 심리에 영향을 주고 무언가를 남긴다. 따라서 카운슬링은 우리의 경험을 들여다보고 그 안에서 무언가 우리에게 남긴 영향을 발견하고 심리적 메커니즘을 분석하여 마음을 수리하는 작업이라고 볼 수 있다.

카운슬링에 비해 컨설팅은 개인보다는 주로 조직과 집단의 문제에 대해 분석하고 개선점과 해법을 제시하는 과정이라고 볼 수 있다. 컨설팅은 카운슬링보다 훨씬 비즈니스적인 지향을 갖는다. 어떤 조직이 왜 목표 달성에 실패하는가? 어느 조직이나 목표를 설정하고 보유하고 있는 자원과 역량을 쏟아 목표를 향한 협업을 실행한다. 컨설팅은 그 과정과 방법론이 적절한가를 진단하고, 더 나아질 수 있는지를 진단한다. 즉 같은 조건으로 생산성을 향상시킬 수 있는지, 효율을 높일 수 있는지, 더 큰 성과를 낼 수 있는지 분석하고 더 나은 솔루션을 제시하는 전문적 과정이다. 따라서 컨설팅에서는 조직의 경험을 들여다보고, 분석의 과정을 진행한다.

이제 경험의 카운슬링에 대해 이야기해 보자. 당신은 누군가의 상담을 하거나 받은 적이 있는가? 현대사회에서는 상담소를 찾아 전문 상담사에게 자신의 문제를 의뢰하는 일이 크게 낯설지 않다. 일상적 생활의 요소로 자리 잡아가고 있다. 전문적 상담을 받지 않았다 하더라도 우리는 일상 속에서 가족, 친구, 선배, 멘토 등 조언을 얻을 수 있는 주변의 존재와 자신에 대한 문제를 끊임없이 이야기하고, 내가 생각하지 못하는 어떤 지혜와 자신의 문제에 대한 극복 방안을 찾고자 필사적이다. 대화, 면담, 수다, 함께 하는 활동 속에 상담의 요소가 많이 녹아 있고, 담겨 있다.

1990년대 후반 IMF가 터지고 사업이 위기에 부딪쳤을 때, 또 2000년대 초반 개인의 삶이 총체적으로 붕괴 상황에 놓였을 때 읽었던 책이 있다. 그 책은 내용은 지금까지도 인상적으로 남아 있다. 그것을 소개해 보려고 한다.

책의 제목은 『머니 테라피』이다. 테라피는 요즈음 많이 쓰는 용어로, 어떤 문제, 고통, 통증, 질환에 대한 치료나 요법을 의미한다. 직역하면 '돈 치료법'이랄까? 물질적 부의 매개체인 돈에 대해서는 버는 법,

쓰는 법, 관리하는 법에 대해 많은 이야기가 있다. 하지만 돈에 대한 치료법이라는 책의 제목이 호기심을 자극해 열어 보게 된 책이었다.

이 책의 저자인 데보라 프라이스라는 여성은 서문에서 상당히 곤궁한 상태에 놓여 있었다. 이혼을 하고, 아이들을 데리고 안정적이지 않은 불안한 주거 환경에, 직업도 소득도 없었다. 아마 '해리 포터' 시리즈를 집필하기 시작할 때의 조앤 롤링과 비슷한 상황이었던 것 같다.

데보라는 살기 위해 여기저기에서 도움을 얻고자 했을 것이다. 은행에서 생계자금을 대출받을 수 있을까. 우리나라도 마찬가지지만 은행에 들어서면 '상담'이라는 간판을 꽤 보게 된다. '대출 상담'이 눈에 띄었을 것이다. 창구 앞에 앉아 신세타령을 하며 얼마나 돈이 급한지, 또 앞으로 직장을 얻어 어떻게 갚아 나가려는지 열심히 이야기해 보지만, 상담 창구 직원의 질문은 하나에 집중되어 있다. 아직 존재하지 않는 미래의 직업, 직장, 소득은 실현되지 않은 바람일 뿐이니 '담보가 있느냐'고 묻는다. 물론 없다. 그러면 돌아오는 것은 정중한 거절이다.

많은 절박한 사람들이 경험해온 일이다. 정작 대출이 필요한 사람에게는 담보가 없다는 이유로, 혹은 신용이 낮다는 이유로 대출을 해주지 않는다. 애당초 힘든 사정에 귀 기울여주지도 않을 거면서 '상담'이라는 팻말은 왜 달아놓는 것일까?

그녀는 거리를 방황하다가 혼란스러운 마음이라도 다잡아야 겠다고 생각하고 상담소 문을 두드렸다. 전문가와의 상담은 시간당 최소 100달러를 지불해야 했다. 하지만 그녀에게는 해결책이 필요했 으므로, 100달러를 지불하고 상담을 시작한다. 편안한 소파에 파묻 혀 전문가와 상담을 시작하자, 자신을 돌아볼 수 있는 여러 가지 질문 이 던져지고 답을 해야 했다.

"지금 기분은 어떤가?" "불안하다"

"어린 시절 기억 중 떠오르는 장면은? 부모님과의 관계는 어떠 했는가?" "이혼했다."

"전 남편과의 관계는 어떠했는가?" "아이들과의 관계는 어떠한 가?"

상담 한 시간이 다 되어갈 즈음 데보라의 마음속에 절규가 나 왔다.

나는 돈이 필요해요. 아이들과 당분간 버틸 수 있는 생활비 말 이에요. 직장을 찾을 때까지 어떻게든 아이들을 먹여 살리며 버틸 수 있어야죠. 지금 나의 불안은 냉장고가 텅 비어있고, 내 지갑과 계좌도 텅 비어있기 때문이에요. 한 달 치 생활비만 있으면 불안하지도 않고, 마음은 여유롭고, 오늘 저녁 아이들과 행복할 거예요.'

하지만 심리 상담 전문가는 경제나 재정 전문가가 아니었고, 기분과 심정만 실컷 분석 당한 후 상담소를 나서야 했다.

은행 상담과 심리 상담, 이 두 경험에서 데보라는 하나의 아이디어를 떠올린다. 한 사람의 불행과 행복의 조건에서 정신과 물질, 두 영역은 나눌 수 있는 것이 아니다. 사람이 돈과 맺는 관계의 속성을 종합적으로 분석하고, 개인마다 유형에 맞는 관계가 충족되어야 근본적으로 행복할 수 있다.

심리적 안정의 기반은 다 갖춰져 있는데 경제적 궁핍 때문에 힘든 사람은 경제적 해결책이 풀린다면 안정과 행복을 찾을 것이다. 어떤 사람은 아무리 돈이 많아도 심리적 결핍이 채워지지 않는다. 그는 많이 벌수록 돈에 더 집착한다. 돈을 벌고 보유하는 행위를 통해 심리적 안정을 얻고자 집착하지만 점차 더 피폐해질 뿐이다. 그는 돈을 적절히 쓰는 행복과 누리는 기쁨을 훈련할 필요가 있다.

그녀는 심리와 물질을 종합하여 상담할 때 한 사람의 상태에 대해 온전한 해법을 도출해 줄 수 있다고 생각했다. 그래서 돈과 사람의 관계를 8가지 유형으로 나누고, 이를 판단하는 지표를 만들었다. 그 결과물이 머니 테라피 프로그램이다.

　　이 책과 프로그램을 홍보할 생각은 없다. 나도 20여 년 전에 스스로 체크해 보고, 10여 년 전에 교육 프로그램에 적용해 본 정도이다. 미국에 데보라 프라이스 재단이 생기고, 머니 테라피 프로그램이 활용된 것까지는 확인했지만, 이 프로그램이 흥행했는지 쇠퇴했는지 현재 상황은 알지 못한다.

　　여기에서 내가 강조하고 싶은 것은 이것이다. 우리 자신을 물질과 비물질 영역으로 나누고, 물질 조건의 상담과 정신적·심리적 상담으로 분리 대응하는 것은 한 사람의 실체적 삶에 대해 온전한 해결책을 주기 어렵다.

　　경험의 카운슬링은 통합되어야 한다. 그러려면 재무 설계의 전문성과 심리 상담의 전문성을 겸비한 카운슬러 그룹이 나와야 한다. 물질적 자산과 정신적 자산 영역 간 크로스오버가 필요한 시대인 것이다. 기업의 인사 분야 경력자들은 유사한 업무를 한다. 비용과 예산에 대한 업무와 인력의 선발과 교육 개발 업무를 함께 수행해야 하기 때문이다. 여기에 경험의 가치를 창출하는 노하우가 더해진다면, 경험 카운슬링의 체계가 만들어져 경험 카운슬러들이 활발하게 활동하게 될 것이다.

당신의 이야기를
컨설팅하라

앞에서 카운슬링과 컨설팅의 구분과 차이를 설명했다. 카운슬링과 컨설팅은 공통점도 있지만, 중요한 차이점은 대상이라고 이야기한 바 있다. 개인에 대한 상담과 조직에 대한 자문이라는 차이이다.

법적으로는 기업 조직을 사람처럼 대우한다. '법인'이라고 부르는 데에서 알 수 있다. '법인'은 법인으로 등록한 조직을 '법인격'으로 대하겠다는 뜻이다. 그래서 법인은 법률상 사람처럼 '인격'으로 보고, 재판의 원고도 되고 피고도 될 수 있다.

하지만 우리는 알고 있다. 조직 자체는 영혼이 없다. 다만 사람들이 모여 공동의 목표를 추구하는 집합체이고, 흔히 피라미드 구조로 되어 있어서 상부로 올라갈수록 중요한 의사결정을 하고, 정점에 CEO라고 불리는 최고 의사결정자가 존재한다.

큰 기업 조직은 분업화가 되어 있어 제품을 생산하는 제조 라인과 품질검사, 포장 등 과정을 담당하고, 신제품을 연구하는 연구팀이 있으며, 이를 시장에 판매하는 마케팅과 세일즈를 담당하는 부서가 있다. 요즘 제조사는 판매만이 아니라 사후 관리, 애프터서비스도 중요하기 때문에 AS 부서와 고객 문제를 응대하는 고객만족 팀, CS 담당 부서의 역할도 중요하다.

조직 안으로 들어가면 다양한 조직 자원을 관리하는 팀들이 존재한다. 영리 기업이든 비영리 NGO든 조직이 돌아가는데 혈액과 같은 역할을 하는 것이 자금, 돈이다. 따라서 재무 회계, 자금을 관리하는 부서의 역할이 중요하게 다루어진다. 과거에는 경리팀, 요즘은 재무팀, 회계 팀이 파이낸스 분야를 담당한다.

중요한 것은 인적 자원에 대한 관리이다. 예전에는 총무 부서로 불렸는데 요즘은 인재 개발, 인력 관리 분야로 HRD(Human resource development), 인적자원개발이라는 교육 담당과 HRM(Human resource management), 인적자원관리 관련 부서로 불린다. 법무 팀에서는 기업에서 벌어지는 다양한 계약들에 대한 법률 검토, 재판 송사에 대한 대응, 국내외 M&A 등을 다루고, 이외에도 조직이 보유한 기술과 정보를 관리하는 부서가 생겨났고, 요즘은 중요한 역할로 부상하고 있다.

하나의 조직은 크던지 작던지 복잡한 하나의 유기체를 구성하고 있으며, 이것이 잘 작동되어야 성과를 내고 돈을 잘 버는 건강한 생산 공동체가 될 수 있다. 그러니 이렇게 복잡한 조직이 잘 돌아갈 수 있도록 외부 전문가의 시각으로 진단하고 개선점을 내는 컨설팅이 필요해졌다.

앞서 개략적으로 살펴본 조직의 구성에 따라 컨설팅의 분야도 세부화된다. 대형 컨설팅 업체들은 주로 재무회계를 분석하는 회계법인이 주력이거나 한 축을 담당하는 경우가 많다. 반면에 특화된 분야의 전략을 개발하고 제시하는 업체들도 있다. 시장이 빠르게 변화하는 요즘에는 고객 트렌드의 변화를 분석하고, 온라인과 오프라인이 통합된 마케팅 전략을 수립하는 컨설팅 프로젝트가 많다. 신사업의 비즈니스 모델링을 하고, 스타트업 벤처를 창업하여 투자를 유치하는 생태계가 활성화되었다. 그러다 보니 비즈니스 모델링과 투자계획을 컨설팅 하는 영역도 꾸준히 늘어나고 있다. 소상공인, 자영업의 영역인 골목상권에 식당을 창업하거나 가게를 여는 사업에 대해 컨설팅 해주는 콘텐츠도 생겨난다.

해당 사업의 환경을 분석해 주고 강점과 약점, 기회 요인과 위협 요인을 비교해 향후 개선점을 도출하는 데에는 컨설팅이 상당한 도움이 된다. 하지만 환경 변화에 대응하여 조직을 변화시키고, 전략적 목표를 수립하여 추진하는 실행의 과정에는 실패하는 경우가 의외로 많다. 나의 경험에 비추어 보면, 컨설팅이 형식적 측면에 갇혀 정작 일을 하는 사람에 대한 이해가 빠져 있기 때문이 아닌가 싶다.

우리는 지금 경험에 대한 이야기를 하고 있다. 따라서 사람에 대한 카운슬링은 상당히 연관성이 있지만 조직에 대한 컨설팅은 경험과 무슨 관계가 있는지 궁금할 것이다. 바로 이 대목이다. 조직에 대한 컨설팅이 문서 작업이라는 요식적 업무에 천착하여, 인적 자원인 사람을 조직 내 자원 요소의 하나로만 치부하는 현상이 컨설팅의 본질을 망치기도 한다는 것이다.

그래서 컨설팅의 경험, 노하우만이 아니라 경험에 대한 컨설팅, 경험에 중점을 둔 컨설팅이 중요하다. 조직의 성공과 목표 달성은 어떤 모델이나 공식에 조직 활동을 끼워 맞추는 것이 아니라, 해당 조직만의 고유한 특성을 제대로 간파하고 조직의 문화적 생리마다 적합한 모델을 맞춤형으로 제시할 수 있어야 한다. 경영자의 생각을 합리화하기 위한 컨설팅에서 벗어나야 한다. 조직원들의 업무 경험을 정리하고 조직의 정보 자산으로 구축하는데 컨설팅 비용을 투자하거나, 아니면 사람 자체에게 직접 투자하는 것이 나을지도 모른다.

　우리는 경험을 통해 알고 있다, 수천, 수만 명의 병력보다 때로는 홀로 적진으로 뛰어드는 장수 조자룡의 용기가 중요할 때가 있다는 것을. 경험 컨설팅을 통해 조직이라는 공동체의 가치가 극대화되고 시너지를 낼 수 있는 길과 방법을 찾아야 한다. 곰곰이 생각해 보자. 근대 사회학자 에밀 뒤르케임의 격언이 중요한 단초가 되어줄 것이다.

　"전체는 부분의 합보다 크다."

공동체의 가치를
높이려면?

경험을 마케팅에 활용하는 기법은 이미 다양한 분야의 비즈니스에서 활발하게 사용되고, 진화해 온 상태이다. 마케팅 분야를 경험한 사람이라면 UX 마케팅은 이미 익숙할 것이다. 사용자 경험(User experience) 마케팅이다. 현대의 사용자 경험 마케팅은 두 가지 냇물의 흐름이 하나의 강에서 합쳐진 역사를 가지고 있다.

하나는 마케팅과 세일즈 분야의 오랜 전통이다. 어떤 기업은 출시된 신제품을 쇼윈도 안에 모셔 놓고, 구경하는 잠재적 소비자가 손도 못 대게 하는 행태를 보인다. 그동안 다른 기업은 '만져보세요,

타보세요, 입어보세요, 먹어보세요.' 하며 소비자의 경험을 이끌어 내는 자극-반응 마케팅을 열심히 해 왔다.

우리 어머니 시대부터 존재했던 방판 영업, 즉 가가호호 방문하는 마케팅은 레트로 드라마 〈응답하라 1988〉에도 등장한다. 어느집에 동네 주부들을 모아 놓고 화장품을 직접 발라주며 구매를 유도하는 것이다.

나도 그런 경험이 있다. 어느 날 학교를 마치고 집에 돌아왔더니 '오븐'이라는 서구적 전기 주방가전이 있었다. 어머니는 그것으로 계란과 밀가루를 재료로 카스텔라를 만들어 주기도 하고 쿠키를 구워주기도 했다. 하지만 그것도 몇 주, 몇 달 지나면 시들해져서, 점점 쓰이지 않게 된 오븐은 내 장난감 병정들의 요새가 되어 주방용에서 놀이용 도구로 이용되었던 기억이 난다.

요즘도 마찬가지다. 자동차 회사에서는 신차가 나오면 시승회를 갖는다. 백화점이나 마트의 의류매장을 지날 때면 매장 직원들이 입어보라고 권한다. 마트 식품관에서는 오래전부터 시식코너를 두고 직접 조리한 식품을 소비자가 맛보도록 하고 있다. 이렇게 오프라인 아날로그 시대부터 상품을 직접 경험해 보고 구매하도록 하는 판매 기법은 이미 일반화되어 있었다. 전통적인 경험 마케팅이다.

두 번째 흐름은 80년대 이후 IT산업의 발전과 디지털 혁명에 의해 촉발되었다. 그 이전까지는 화이트칼라 직장인의 책상 위에는 종이와 펜이 있었다. 하지만 지금의 사무실은 개인용 컴퓨터와 인간의 협업에 의해 문서와 정보, 아이디어와 사업계획이 만들어져 전자 네트워크를 통해 공유되는 모습이 일상화되어 있다.

초기 컴퓨터는 컴퓨터 운용 시스템, DOS에 직접 프로그래밍 언어를 입력하면서 다루어야 했다. 이후 워드 프로세서를 비롯하여 수많은 상용 프로그램이 출시되고, 컴퓨터 인터페이스도 화면의 그림을 마우스로 클릭하는 윈도우즈 프로그램으로 전환됐다. 그리고 이제는 스마트폰 앱을 손가락으로 터치하는, 사람과 기기 간 접촉에 의해 작동하는 방식으로 진화했다. 이것이 사람과 컴퓨터 간 협업 시스템(Man-maxhine system)에 있어서 인터페이스 진화이다.

이렇게 사용자 인터페이스를 간편하고 쉽게 만들려는 노력이 IT 분야의 디자인에서 발전했다. 나아가 디자인이나 기술 개발 영역을 넘어서 서비스 디자인으로 확대되었다. 오프라인 쇼핑몰에서 기업은 상품의 매장과 진열대의 배치를 어떻게 했을 때 구매와 소비가 극대화될까, 어떻게 해야 쇼핑을 하는 고객들의 편의성이 극대화되고 편리하고 편안할까에 대해 고민과 노력을 한다.

이런 고민과 노력은 온라인 쇼핑몰에서도 마찬가지다. 어떻게 하면 메인 화면부터 서브 화면까지 클릭을 최소화하고 직관적인 쇼핑으로 연결되어 구매가 늘어날까를 연구한다. 사용자 인터페이스(User interface)에서 도약하여 UX, 사용자 경험에까지 진지한 연구가 이루어지도록 촉발되었다고 정리할 수 있겠다.

이어령 교수는 일찍부터 '디지로그' 시대가 오고 있다고 예견하며 디지털 기술과 아날로그 문화가 비빔밥처럼 혼용될 것이라고 했다. 실제로 전통적인 사용자 경험 마케팅과 디지털 영역에서 발전한 사용자 경험을 중심에 둔 서비스 디자인과 기술적 성과는 이제 통합되고 있다. 우리는 스마트폰을 통해 온라인 프로모션을 보고, 오프라인 매장을 방문한다. 직장 상사나 친구가 메신저로 보내준 디지털 쿠폰으로 커피와 케이크를 사서 먹고 마신다.

반대의 경우도 있다. 오프라인에서 사용해 본 후기를 온라인 사이트에 적어 넣고 보상으로 포인트를 받기도 한다. 최근 나의 지인은 한 캠핑카 업체가 일주일 간 캠핑카를 사용해 보고, 사용 후기를 사이트에 남기는 조건으로 수십만 원어치의 렌트 비용을 받았다. 부러운 일이지만 아무에게나 그런 선물이 주어지는 것은 아니다. 응모와 추첨 같은 방식을 통해 주어진 선물이 아니라, 그가 캠핑 전문가로 많은 여행을 다니고 그 경험을 블로그와 SNS에 올리고 캠핑에 관심 있는 많은 사람들이 그의 계정을 방문하고 있기 때문에 받은 선물이다.

이렇게 경험 마케팅은 이미 얽히고설켜 시장에서 작동하고 있다. 경험을 활용하는 전통적이면서 지금도 많이 쓰이는 것이 위에서 '후기'라고 말하는 체험 수기이다. 예전에는 종이잡지에서 캠페인을 할 때 '체험을 적어서 보내주시면 지면에 실어 드립니다.' 라는 말이 따라붙곤 했다. 일종의 주제 별 공모전 같은 활동이 이제는 베스트 댓글 당첨처럼 회전율이 빨라졌다고 볼 수 있다.

그런데 우리가 기대하고 만들고자 하는 것은 현재 진행 중인 수준의 경험 마케팅이 아니다. 제4차 산업혁명 시대에 IOT(사물인터넷, Internet of thing) 분야에서는 사람의 감각을 통해 지각하고 인지라는 경험을 통한 느낌과 만족감, 나아가 행복감, 감동을 극대화하려는 감성 디자인, 감성공학의 연구까지 전개되고 있다.

우리는 경험을 상품화하고 경험의 시장을 만들고, 경험을 공유하고 거래하려고 하고 있다. 따라서 경험 마케팅은 경험을 경험하게 하고, 경험을 맛보고 갖고 싶게 만드는 마케팅이어야 한다.

그런 마케팅이 현재 있을까? 물론 있다. 영화의 예고편을 생각해 보자. 제목과 포스터로 작품을 30초 내지 1분짜리 경험으로 만들어 보여줌으로써, 전체를 다 보고 싶게 유도하는 것이다. 우리는 본편보다 잘 만들어진 예고편과 완전히 빗나간 예고편을 경험한다.

어떤 제품을 강력하게 알리려는 광고도 있다. 그런데 아직까지 광고는 브랜드를 각인시키고 이미지를 구축하는 수준을 수십 년간 벗어나지 못하고 있다. 경험형, 정보형 광고로 진화한다면 효과는 크게 달라질 것이다. 미래의 경험 마케팅을 현재화하기 위해서라면, 지금과 같은 광고 방식을 답습해서는 안 된다. 우리의 경험 매수자가 직접경험처럼 느끼고 그 경험을 통해 무언가를 얻고 업그레이드가 되어야 한다. 그래야 경험을 팔아서 돈을 벌 수 있다.

돈은 왜
그들이 벌까?

아직까지 경험의 저장은 개인의 몫이다. 그것은 경험이 자산으로 인정받지 못하고 있기 때문이다. 경험이 동산이나 부동산, 또는 비즈니스 모델같이 가치를 인정받는 자산이라고 상상해 보자. 경험을 맡아주고, 중개 거래를 하면서 가격을 높여주고 안전하게 보관해주는 각종 서비스가 성업을 할 것이다. 10년 탄 중고차도 중고시장이 존재하는데 그 차를 10년 타는 동안 쌓인 나의 경험과 추억은 가치가 없을까? 과연 그럴까? 그래야 할까?

SF 작가 닐 스티븐슨은 1992년 미래 세계를 상상한 작품『스노우 크래쉬』를 썼다. 똑같지는 않지만 스티븐 스필버그 감독이 2018년 만든 영화 〈레디 플레이어 원〉과 유사한 개념과 구조를 30여 년 전에 이미 창작해 냈다. 『스노우 크래쉬』의 주인공은 현실에서는 피자 배달부이다. 하지만 가상세계로 들어가면 신세계를 창조한 개국공신의 일원으로 상당한 신분을 갖는다.

닐 스티븐슨은 이렇게 두 세계를 오가며 사는 인간 사회를 창조한 작가로 추앙받으며 예언자적 반열에 올랐다. 그가 작품 속에 창작한 두 가지 개념 때문이다. 하나는 '사이버 스페이스'라는 용어로, 요즘은 '메타버스'라는 개념으로 확장되었다. 1992년은 인터넷이 아직 없었던 시절임을 감안하면 상당한 통찰력이 있었음을 인정하지 않을 수 없다.

또 하나는 가상세계의 존재이자 자아인 '아바타'의 개념을 썼다는 점이다. 하지만 이런 개념은 윌리엄 깁슨 등 수많은 작가들이 만들어낸 공동의 창작물이라고 생각한다. 이미 필립 K. 딕, 로저 젤라즈니 등 탁월한 작가들이 부분적인 개념을 등장시켰다. 오히려 닐 스티븐슨의 독창적인 점은 미래에 사회를 지배하는 세력이 방대한 자본력을 지닌 정보수집 기업들에게 있다고 가정한 점이다.

『스노우 크래쉬』속 세상에는 지금의 재활용 업체들이 쓰레기 한 조각 한 조각을 싼값에 사들이듯, 세상의 오만가지 정보를 사들이고 모으는 데이터베이스 업체가 등장한다. 그리고 이들은 민간 자본으로 사적인 경찰력까지 운용하는 지배세력으로 그려진다. 한때는 상상의 세계였지만, 그런 세상은 일부지만 이미 도래해 있다. 가장 흥미로운 대목은 정보의 거래 장면이다. 쓰레기 수거 업체가 폐지는 1kg에 얼마, 플라스틱은 얼마, 유리병은 사이즈에 따라 한 병에 얼마 하는 식으로 가격을 지불해 주듯, 누구든 그날 얻은 새로운 정보를 입력하면 이 정보의 가격을 바로바로 돈으로 환산해 주는 장면이다. 물론 현실에서는 아직까지 이런 시스템은 없다.

그렇다면 이제 경험의 은행을 가정해 보자. 과거에 우리 경험을 저장해 두는 은행 혹은 금고나 창고는 어디였던가? 일기장과 앨범, 추억록과 스케줄 수첩, 비망록 등이었다. 그렇다면 지금은 우리의 경험이 어디에 보관되어 있을까? 포털 블로그에, 여러 업체의 SNS에, 유튜브에 올라가 있다.

디지털 시대가 시작되고도 우리의 정보는 한참 동안 각자의 개인 PC나 외장하드, USB, 디지털 카메라, 개인의 휴대폰에 저장되어 있었고, 다음 단계로는 개인의 물리적 장치가 아닌 네트워크상의 웹하드에 올리기도 했다. 하지만 이제는 물리적으로 어디에 있는지도 모르는 클라우드, 말 그대로 정보의 구름 속에 들어가 있고 자신이 사용할 용량에 따라 소정의 보관료를 지불하는 세상이 되었다.

그런데 생각해 보자. 우리가 정보를 올리고 있는 포털들, 네이버, 다음, 구글, 유튜브, 트위터, 페이스북, 인스타그램을 비롯하여 각종 플랫폼은 거대한 창고, 내용물을 담는 그릇을 가지고 있는 기업들일 뿐이고 그 안의 내용물, 즉 콘텐츠는 다수의 개인과 집단의 것들이다. 그런데도 내용물을 제공하고 타인에게 공개·공유하는 사람들은 돈을 내고, 그릇 제공 업체들은 돈을 번다. 뭔가 조금 억울하지 않은가?

이 상황이 뒤바뀌는 정도는 아니더라도 윈-윈하는 정도의 구조는 되어야 하는데, 유튜버 중 극히 일부 유명 유튜버만 돈을 벌고 유명세를 타고, 부를 일군다. 주목 경제(Attention economy) 시대, 구독수와 조회수에 따라 서열이 매겨지는 트래픽 비즈니스 모델 때문이다. 하지만 만일 경험 정보의 질적 평가가 가능해진다면 상당한 격변이 일어날 수 있다.

얼마 전 국내에서 벌어진 싸이월드 사태 같은 것을 분석해 보자. 그 많은 회원을 보유하고 있던 싸이월드가 문을 닫았고, 소중히 모아두었던 도토리들이 흔적도 없이 사라졌다. 미리 예고를 하기는 했지만, 속수무책으로 자신의 기록을 잃어버린 사람들이 부지기수였다. 2천만 명 이상이 경험을 맡긴 경험정보 은행 하나가 파산하면서 우리 기억의 상당량이 날아가 버린 황당한 사건이 벌어졌던 일이다.

싸이월드뿐만 아니다. 내가 2000년대 초반 디테일한 일상을 올렸던 블로그는 엠파스라는 플랫폼에 있었다. 그런데 엠파스가 경영이 어려워지고 대기업에 인수되어 브랜드 자체가 바뀌면서 몇 년의 기록이 연기처럼 날아갔다. 물론 서비스 중단 전 개인적으로 중요한 정보는 알아서 백업하라는 공지가 있었지만, 내 일기를 내가 필사하는 작업과 다르지 않게 느껴져 그냥 내버려 두었다.

앞에 경험을 팔라고 강조한 대목에서 잠깐 언급한 빅데이터 기업들도, 지금은 우리 경험의 파편만을 수집하여 통계 분석과 근 미래의 트렌드를 예측하는데 쓰고 있다. 하지만 앞으로 경험 데이터의 덩어리가 커지게 되면 질적으로 진화하는 빅&딥 데이터 은행들이 될 가능성이 크다. 검색엔진을 통해 추출되고 분류되는 인간세계의 수많은 경험 정보는 우리가 모르는 사이 인공지능들의 학습 자료가 되고 있다. AI가 인간들이 오랫동안 쌓아온 경험을 습득하면서 점점 인간과 정확히 닮아가는 존재로 진화하고 있기도 하다.

우리가 우리의 경험 정보에 대한 가치를 가능한 한 객관화하고, 충분히 안전한 가상의 금고에 보관하고, 입출금 하고 계좌 이체하듯 전송하기 위해서는 경험의 금융기관, 경험은행이 설립되고, 운영

되어야 한다. 이미 가능성을 보고 관심을 가지는 기업들은 있으나 그 가치를 잘 모른다. 그러니 이 시장은 명확한 개념을 정의하고, 비즈니스 모델을 수립하고, 먼저 시작하는 사람이 임자다.

무한 확장이
가능한 공간

　경험으로 가득 찬 도시는 생각만 해도 가슴이 뛴다. 사실 이미 세계적인 대도시들은 그 역사와 고유한 문화를 자랑하며 이미 도시 관광 마케팅을 하고 있지 않은가? 선호와 취향에 따라 우선순위가 달라지겠지만, 누구나 유명한 도시를 방문하면 꼭 체험해야 할 목표 리스트가 있다.

　나는 뉴욕에 가면 그라운드 제로에서 9.11 희생자를 추모하고, 구겐하임 미술관을 관람하고, 센트럴파크를 산책하고, 브로드웨이에서 뮤지컬을 본다. 링컨센터 앞 노천카페에서 에스프레소를 마시고 나서 해보고 싶은 것이 있는데, 그 경험을 아직 못해보았다. 거리에 있는 높은 의자에 앉아 신문을 펼치고 슈샤인 보이가 구두를 닦아주는 동안 신문 너머로 거리를 구경하는 일이다. 그런데 방문할 때마다 편의성 때문에 스니커즈를 신다 보니 정장 구두를 신고 뉴욕에 간 적이 없어 구두 닦을 일이 없었다.

런던, 파리, 로마, 마드리드, 베이징, 도쿄 등 대도시마다 고유한 문화와 즐길 거리가 있어, 행선지에 따라 우리의 관심이 달라진다. 내가 살고 있는 서울은 어떤가? 집에서 일터로 매일 반복되는 구간이 있고, 피로에 절어 휴식이 부족하기에 내 집, 내방이 최고다. 하지만 사실 여느 대도시 못지않게 체험의 대상이 차고도 넘치는 멋진 도시임에 틀림없다.

봄에는 벚꽃 흐드러지는 남산, 여름에는 한국은행 앞 분수를 보며 다운타운을 걷고, 한강 공원에서 저녁 바람을 맞는다. 가을이면 대학로에서 낙엽을 밟으며 연극도 보고, 전시도 보고, 젊은 날의 추억이 깃든 클래식 카페에서 커피 한 잔과 음악에 취하고, 겨울이면 눈 쌓인 경복궁 경내를 거닐다 삼청동에서 수제비나 단팥죽을 먹는다.

이미 우리에게 익숙한 이러한 도시 경험, 경험의 도시는 풍요롭고 낯설지 않다. 그런데 우리의 도시생활에, 농촌 등 도시 밖 전원생활도 마찬가지이지만 커다란 변화가 생겨났고, 이미 우리는 익숙해지고 있다. 그것은 미디어 연구 분야에서 '혼종적 공간성'이라고 부르는 현상이다.

도시란 가장 현대적인 공동체 공간의 집합체라고 볼 수 있다. 사유공간과 공공공간, 또 다양한 상업공간이 뒤섞여 있다. 여기에 규모가 장대한 다른 차원의 공간이 생겨나 우리 생활과 결합되면서 공간성이 과장을 보태면 거의 무한 확장된 것이다.

용어마저 어렵게 느껴지는 혼종적 공간성을 쉽게 이야기해 보자. 나는 지금 여의도의 카페에 앉아 있다. 테이블에는 책 한 권이 놓여 있고, 태블릿에는 집필 중인 원고 파일이 띄워져 있다. 하지만 지금 나의 존재는 어디에 있는가? 시장에 있다. 아메리카노 한 잔이 앞에 놓여 있기에 이 카페에서의 거래는 이미 마쳤다. 하지만 손에 든 스마트폰 속에는 온라인 쇼핑몰 의류 매장이 있고 나는 환절기를 맞아 남성용 더블 재킷을 고르고 있는 중이다. 과거에는 옷을 사려면 오프라인 매장으로 직접 가야만 했다. 하지만 지금은 나의 몸은 카페에 앉아있고 나의 정신은 쇼핑몰에서 옷을 고르고 있다. 몸과 마음이 동시에 다른 공간에 존재하는 이런 상황이 혼종적 공간성이다.

오전에 나는 방송국 엘리베이터에서 아는 얼굴들과 인사를 나누면서 10층까지 올라가는 짧은 순간에 고양이 사료와 모래를 주문했다. 실제 공간과 가상 공간이 병행하여 우리 앞에 펼쳐진 다층

세계에서, 이런 혼종적 공간성의 활용은 일상다반사다. 몸은 집에 있지만 생각은 온라인 회의에 참석하고, 몸은 카페에 있지만 정신은 온라인 학술회의에 참여하고, 몸은 사무실에서 점심 식사를 하지만 영혼은 고대 세계의 전사로 전쟁을 하기도 한다.

이러한 동시적 다중 존재성은 과거 아날로그 시대에는 생각할 수도 실행할 수도 없는 일이었다. 메타버스의 세계는 점점 넓어지고, 온&오프 통합도 가속화되고 있기 때문에 혼종적 시공간성은 더 다양한 복합적 작업의 수행을 가능하게 만들 것이다. 경험의 도시는 복잡해지고 있다. 하지만 이러한 기술적 생활의 발전은 행복을 증진시킬 것인가? 편리함은 좋은 측면만 있는가? 함께 고민할 지점이 많이 생겨나고 있다.

천재 영화감독으로 이름난 크리스토퍼 놀란 감독의 동생 조나단 놀란이 제작하고, 그의 부인이자 각본가인 리사 조이가 연출한 작품 〈레미니센스〉는 경험의 중요성을 다루고 있는 우리가 주목할 만한 영화이다.

가까운 미래에 기후변화로 대도시 일부가 물에 잠긴다. 베네치아처럼 수상 도시가 되어 버린 것이다. 살기 힘들어진 세상은 각박해지고 전쟁이 이어진다. 사람들은 과거 아름답고 행복했던 시절에 대한 그리움과 향수 때문에 과거 경험을 생생하게 복원 시켜주는 마법 혹은 마약 같은 기술에 의지하게 된다. 물이 찬 인큐베이터 같은 욕조에 들어가 머리에 전극을 연결하고 돌아가고자 하는 시간과 공간을 설정하고 잠에 빠져들면, 뇌 속에 잠들어 있던 그때의 기억이 3차원 홀로그램으로 생생하게 재현된다.

언젠가는 실현 가능해 보이는 과거 경험 재현기술에 사람들이 의존해 살아가는 시대, 우울한 디스토피아의 모습을 그리고 있지만, 기후 위기와 전쟁, 경제난이 아니더라도 우리 인간은 과거에 대한 향수를 지니고 있다. 경험이 상품화된 도시의 삶을 SF영화로 일부 맛볼 수 있지만, 영화는 과거에 대한 집착과 반복 재현의 중독이 가져올 모습도 보여준다. 오늘을 살아가는 우리도 경험 도시의 다면적 모습을 다양하게 고민해 볼 필요가 있다.

비즈니스 모델이
필요하다

우리는 우리가 살아오면서 매 순간 축적해온 경험을 가치의 원천으로 삼아 상품화하여 서로 나누려고 한다. 경험 비즈니스와 경험 시장을 창조하려고 하는 것이다. 경험은 그저 경험일 뿐이라는 무기력한 생각을 버리고, 자신의 경험 중 의미있고 재미있고 중요한 것들을 체계적으로 구조화하여 훌륭한 콘텐츠로 만들자.

앞서 나는 어떤 경험들은 이미 비즈니스에 활용되고 있으며, 과거부터 전통적인 비즈니스에 활용되어 왔고, 앞으로 빅데이터 비즈니스에 적극 활용될 것임을 강조했다. 그리고 빅데이터는 빅&딥 데이터가 되어야 하며, 경험과 정보의 양적 질적 가치에 있어서 양적 계량화는 과학기술적으로 명확하지만, 실상 더 중요한 질적 측면은 객관화의 어려움으로 버려진 영역이라는 점도 조명했다. 이는 앞으로 우리가 경험 비즈니스에 있어서 개척할 부분이다. 하지만 유튜브의 경우, 얼마나 많은 사람들이 구독하고 조회하고 좋아해 주는가를 측정하여 지표화하는 방법 정도는 정립되어 있다고 볼 수 있다.

1990년대 중후반 전문 리서치 회사를 하고 있을 때의 경험이다. 당시에는 반도체 산업이 지금처럼 국가 주력 산업이 아니었다. 미국 굴지의 반도체 기업 국내 지사장을 만나게 됐는데, 반도체 산업의 한국 시장 자료가 없어서 아메리칸 스타일의 사업계획을 세우고 한국 시장의 성장성을 본사에 보고하는데 애로가 있다는 고충을 들었다. 그래서 '저희가 리포트를 한 번 준비해 보겠습니다.'라고 제안을 했다. 지사장은 가치가 있는 자료라면 섭섭하지 않게 가격을 쳐주겠다고 했다.

사무실에 돌아와 서치와 리서치를 해보니, 정말로 국내 반도체 시장의 수요와 공급에 대한 자료가 정립되어 있지 않았다. 반면 글로벌 시장 데이터와 미국 등 선진국 시장에 대한 각종 통계와 자료들은 주기적으로 발간되고 있었고 거의 정확한 수요와 공급, 기업체 정보들을 알 수 있었다. 프로젝트는 용두사미가 됐고, 리포트는 두꺼워졌지만 핵심적 내용에 대한 자신감은 줄어들었다. 프레젠테이션 날짜에 한 시간 동안 진지한 발제와 질의응답이 오갔다. 회의가 끝난 후 지사장은 결론지었다. "그 정도는 우리도 알고 있는 수준이네요. 새로운 정보는 없군요." 우리 팀은 고생한 결과물에 퇴짜를 맞고 어깨가 쳐져 돌아왔다.

며칠 후 한 팀원이 신문을 들고 와서 말했다.

"우리가 찾던 자료가 이런 것 아닙니까?"

발행부수가 적은 전자산업 전문 매체에 한 기자가 한국의 반도체 산업에 대한 기획 기사를 냈는데, 기존에 없던 내용과 자료가 제법 풍부했다. 업계에서 안면이 있는 기자였기에, 우리는 그를 초빙해 내부 워크숍을 열었다.

그는 상당한 시간을 발로 뛰면서 국내에 있는 거의 모든 관련 기업을 인터뷰하고 자료를 모았다. 그가 모으고 분석한 자료는 서너 차례의 기획 기사로 내기에는 너무 많은 양이었다. 우리는 그를 프로젝트 자문으로 모시고, 원점에서 다시 새로운 리포트를 작성해 나갔다.

첫 번째 프로젝트 때보다 훨씬 빠른 시간에 탄탄한 보고서가 나왔다. 두 번째 프레젠테이션에서 지사장은 "바로 이겁니다." 하고 만족해했다. 경험의 힘과 성과란 이런 것이다. 이렇게 문제와 해법이 서로 다른 영역에서 매칭되지 못하는 현실에서, 영역과 분야를 뛰어넘어 상호 필요한 경험을 연결시켜 사회적 시너지를 내는 역할도 경험 비즈니스의 가치가 된다.

한 가지 예를 떠올렸을 뿐이지만, 정보 중개 사업, 경험 비즈니스 분야에서는 연구의 깊이 못지않게 다양한 영역과 주제를 연결하는 폭과 넓이에서 상당한 성과를 기대할 수 있다. 기자의 기사, 교수의 연구논문, 팀원의 보고서에는 정작 작성자 경험의 에센스가 담기지 못한다.

그래서 나는 어떤 자료가 흥미로울 때, 그가 공표한 텍스트 자료보다 그 사람 자체에 관심을 갖는다. 식사 자리나 술자리를 만들어 그와 친구가 되고, 허심탄회한 대화를 나누다 보면 기사와 논문, 보고서에서는 흔적도 찾을 수 없었던 어마어마한 모험담이 쏟아지는 것이다. 그것이 우리가 주목하는 경험의 가치이다. 작가가 출간한 책에 다 담지 못했으나 정작 더 흥미롭고 가치 있는 경험의 이야기 말이다.

내가 대학원에서 사회학을 전공했는데, 이 잡다한 학문 분야는 걸리지 않는 것이 없다. 국가론, 조직론, 계급론, 인구론을 망라하며 가족사회학, 노동사회학, 문화사회학, 여성사회학, 과학사회학, 지식사회학, 정치사회학, 역사사회학, 사회심리학 등 아무 주제나 붙이면 연구가 가능한 실용성을 가지고 있다.

사회학자들은 대부분 호기심이 많고 사회 문제에 뜨거운 관심이 있기 때문에, 저녁 회식 후 자리가 만들어지면 온갖 문제에 대해 흥미로운 토론이 벌어진다. 그런데 이 학자들의 논문이나 저서에는 이런 열정이 드러나지 않는다. 강단에서는 딱딱한 강의를 하고, 엄정한 성적 평가를 하며, 논문은 실적이기 때문에 책잡히지 않을 룰을 따르기 때문이다. 논문에서 모호한 추론은 용납되지 않기 때문에 직관과 감정은 숨기고, 정량적인 데이터를 통계기법으로 돌려서 검증한 결과물만을 낸다.

나는 이러한 이중성이 사회적 손실이라고 생각한다. 경험 비즈니스가 활성화된다면, 관료들의 관료성, 학자들의 학문성, 기업인의 경영 목적성이 지니는 경직된 칸막이 효과가 제거되면서 우리 사회의 연성화 된 창조력이 증가할 것으로 기대해 본다. 왜냐하면 경험의 공유에는 우리 모두가 인간이라는 감각경험의 배경을 깔고 있기 때문에, 휴머니즘이 바탕이 될 수밖에 없기 때문이다.

경험의 분석에는 인문학과 과학기술의 결합도 상당히 필요하다. 인간의 경험을 다룬다는 것은 통섭적 분야이다. 경험 비즈니스는 다양성의 융합이 필요하고, 융합의 다양성을 지속적으로 촉발할 것이다. 이제 경험 비즈니스의 다양한 비즈니스 모델이 나와야 한다.

열린 경험주의자가
되어라

현재의 나는 지금까지 내가 겪어온 경험에 의해 결정된 존재다. 하지만 우리의 삶이 끝날 때까지도 완성된 존재는 아니다. 성장하기도 하고 퇴행하기도 하는 역동적 존재이며, 지금도 계속 변화하고 있는 존재인 것이다. 우리가 선택하지 않아도 경험은 운명처럼 우리를 엄습하지만, 대개의 경우 우리가 선택했기 때문에 경험하게 된다. 그러니 나의 경험과 그에 따른 나의 존재는 대부분 나의 책임이다.

삶의 대부분이 경험이라는 것을 잘 알면서도 우리는 경험의 중요성과 가치에 주목하지 않았다. 그저 흘러가 버린 시간과 함께 우리로부터 떨어져 나간 어떤 것들로 생각했다. 하지만 시간은 흘러갔어도 경험은 우리에게 내재되어 있다. 우리 삶의 '대부분'이라고 말했지만 사실은 흘러간 시간 모두가 우리에게는 '경험' 그 자체였다. 현재도 경험의 연속이고, 미래도 경험을 뺀다면 우리가 누릴 수 있는 것은 없다.

우리 존재의 가장 큰 비중을 차지하는 이 소중한 경험이 얼마나 과소평가되어 왔는지는 근대 철학자 파스칼의 격언만 봐도 알 수 있다. 그는 '나는 생각한다. 고로 존재한다.'며 사유의 중요성을 강조했다. 사실 우리는 스스로를 '호모 사피엔스'라고 부르며 생각하는 인간의 모습을 강점으로 부각했다. 하지만 '나는 경험한다. 고로 존재한다.'고 말해도 좋을 것이다. 호모 사피엔스가 아니라 '호모 프락시스(Homo praxis)'라고 규정한다면 우리는 체험하는 인간, 실행하는 인간, 행동하는 인간으로 역동성을 되찾은 존재가 될 수 있는 것이다.

하긴 경험하라, 경험을 들여다보라, 경험을 공유하라, 나누라, 팔아라, 하는 이야기에 어떤 개념과 이론의 동원이 필요하단 말인가. 자신의 내면을 들여다보고, 주변 환경을 관찰하고, 동기를 찾고, 본능과 충동의 근거를 확인하고, 의지를 갖고, 실행하는 것이 경험주의자의 삶일 것이다. '~ 주의'라고 이데올로기적 이름을 붙이는 것도 경험 중시적 태도는 아니다. 이데올로기의 근원은 이데아이고 사상과 사고 또한 파스칼의 '나는 생각한다'로 회귀하는 일이니 말이다.

경험주의는 행동주의이다. 아니 이제부터는 '~ 주의'를 빼자. 우리는 경험인이고 행동인이다. 경험인인 당신은 지금 무엇을 하고 싶은가?

새로운 음식 메뉴를 시도해 보라. 가보지 않았던 길로 다녀 보라. 늘 입던 패션 스타일을 바꾸고 낯선 스타일을 시도해 보라. 새로운 것을 배워 보라. 보지 않던 것을 보고, 듣지 않던 것을 듣고, 만지지 않던 것을 만지고, 새로운 맛을 보고, 새로운 냄새를 맡아 보라. 가보지 않은 곳으로 여행을 떠나라. 우리가 사는 세계가 얼마나 다양하고 복잡한지, 동시에 소통하고 연대할 수 있는지 몸소 부딪쳐 경험해보고 깨달으라. 그리고 그 이야기를 우리에게 들려주고 나눠달라.

경험인이 되기 위해 준비해야 할 것은 딱 하나다. 열린 마음, 오픈 마인드 하나만 갖추면 첫 발을 뗄 수 있다. 행동인이 기억할 수칙은 개방, 참여 그리고 공유이다. 세상을 향해 자신을 열고 우리의 감각을 열어야 더 많은 경험을 받아들이고 느낄 수 있다. 그리고 우리가 발 딛고 사는 세상에서 벌어지는 다양한 현상, 사건, 일들에 가능한 한 많이 참여하라.

그러면 내가 듣고 보는 감각 경험에 더하여 정보가 생기고, 관계가 생기고, 자신의 존재가 강화되는 것을 체험할 것이다. 그리고 넓어지고 강화된 관계 속에서 연대가 생겨나고 자신이 가진 것을 공유하게 된다. 상품으로 팔려고 했던 경험을 그냥 나눠주라는 것은 아니다. 팔아야 할 경험, 팔리는 경험, 나누고 공유해도 좋은 경험을 구분해야 한다. 이야기를 아끼지 마라. 이야기는 할수록 커진다. 이야기를 아끼면 작아지고, 그것은 결국 소멸해버린다.

어느 가을날, 나는 차의 시동을 걸고 목적지도 없이 떠났다. 당연히 출근은 하지 않았다. 지난밤 사직서는 이메일로 보내두었다. 경부고속도로를 따라 달리다가 대전에서 점심을 먹고 호남고속도로로 접어들었다. 마음 가는대로 전주로 빠졌고, 다시 남원을 거쳐 가니 지리산이 펼쳐졌다. 화엄사에서 차는 멈췄다. 섬진강 재첩 국이 너무 맛있다는 걸 알게 되었다. 화엄사를 둘러보는데 표지가 하나 보였다. '마음이 쉬어 가는 곳, 연기암 4km' 그때 깨달았다. '아, 내가 마음을 쉬려고 여기까지 왔구나.'

한 시간을 걸어 연기암에 도달하니, 신선계에 온 것 같은 자연이 펼쳐졌다. 수양을 하러 모여든 사람들이 제각기 일을 하고 있었다. 해가 저물어 갈 무렵 다시 내려와 차를 몰고 근처 민박집에 갔다.

다음날 늦잠을 자고 조용한 숲에 누워 헤드폰을 끼고 음악을 틀었다. 크래쉬의 거친 노래가 나왔다. '니가 진짜로 원하는 게 뭐야' 신해철의 목소리가 묻고 있었다.

그 나이를 퍼먹도록 그걸 하나 몰라

그 나이를 퍼먹도록 그걸 하나 몰라

이거 아니면 죽음 정말 이거 아니면 끝장 진짜

내 전부를 걸어보고 싶은 그런 니가 진짜로 원하는 게 뭐야

'내가 진짜로 원하는 것, 그것을 몰라서 나는 지금 여기에 올 수밖에 없었구나.'

노래를 들으며 내 마음을 들여다본 그 가을, 나는 다 내려놓고, 바닥에서 다시 한 번 시작하고 싶어졌다.

한 번의 경험을 정리하고 또 다른 경험을 하기 위해서 또는 정리가 필요할 때 그냥 작은 여행 가방을 어깨에 메고 이른 아침 고속터미널로 가라. 기차역으로 가도 좋다. 그리고 도시나 지방 어느 곳이든 이름이 끌리는 행선지의 티켓을 끊고, 좌석에 앉아 이어폰을 귀에 꽂고 음악을 틀어라. 그러면 책상에 앉아 끙끙거리며 미래 계획을 세

우려는 꽉 막힌 현실적 논리를 뛰어넘어 내 인생의 지평이 넓어지면서, 뭔가 풀려나가는 경험을 하게 된다.

경험인, 행동인이 되려면 내 머릿속 무거운 고민들을 조금 털어내자. 마음속 막연한 열패감을 쓸어내자. 내가 경험하고 소화시켜야 할 미지의 놀이들이 내 앞에 산처럼 바다처럼 쌓여 있고, 내 안에는 내가 생각지도 못했던 경험이 쌓여 있다. 조금만 가공하면 그것들은 살아 있는 이야기가 되고 지혜가 된다.

당신 인생에서 이렇게 길 떠나는 경험을 몇 번은 해봐야 하지 않을까? 고속버스나 기차가 아니라 당신의 차, 혹은 렌터카, 아니면 오토바이, 자전거라도 타고 떠났다가 돌아오기를 권한다. 그렇다면 당신은 이제 활짝 열린 경험인의 길에 접어든 것이다. 환영한다. 이 길에는 재미도 있고 의미도 있다. 물론 시행착오와 실패도, 귀찮음과 고통도 있다. 하지만 아무 것도 안 하면서, 아니면 푼돈을 벌기 위해 평생 남의 일이나 거들면서 힘든 것보다는 자유와 해방의 기분이 다를 것이다. 일단 시도해 보라.

경험을 부로 바꾸는 연금술

지금까지 이 책을 따라와 준 독자 여러분께 감사드린다. 이제 우리는 우리 경험의 가치를 되살려 사람들이 주목하게 만드는 작업에 대해 결론을 내릴 시점에 다다랐다. 솔직히 말하자면, 제목과 내용에서 '돈'을 강조했기에 너무 속물적인 것은 아닐까, 책 판매에 도움을 얻고자 자본주의적 미끼를 내세운 것은 아닐까 하는 고민도 했다.

하지만 우리는 누구나 팔릴 만한 좋은 상품을 가지고 있고, 그 물건을 한번 팔아보자는 이야기를 하면서 '돈'을 강조하지 않는다면, 그것이 오히려 독자에 대한 기만 아닐까? 우리는 '가치'라는 추상적 표현을 쓰면 뭔가 조금 더 우아하다고 여기는 경향이 있다. 하지만 계측 불가한 '가치'를 입증하려면 숫자로 표시할 수 있는 '가격'으로 전환 가능해야 한다.

당신과 한참 동안 이야기를 나누고, 당신의 능력과 잠재력이 무한한 가치가 있다고 인정해 줄 수 있다. 그런데 정작 당신은 취업도 안 되고 직장이 있어도 쥐꼬리만 한 박봉에 허덕이며 산다면, 현실에서 당신의 가치는 전혀 인정받지 못하고 있는 것 아닌가? 그런데도 우리는 이런 일을 숱하게 겪어왔으며, 여전히 겪으면서 살고 있는 것이 현실이다.

그러니 다소 비난받고 욕을 먹더라도, 자본주의 사회에서 '경험'이 우아하지만 막연한 가치의 영역이 아니라 정당한 가격을 인정받고 팔리는 상품으로 전환 가능한 그 무엇임을 구체화하고 입증하기 위해, 집필의 초점을 확실하게 조정한 것이다.

나 역시 대학을 졸업하고 사회에 나와 신입사원 시절을 겪으며 제조업체에서 박봉의 월급을 받아 보았고, 벤처회사를 창업하여 한때 백여 명 직원의 급여를 책임지며 자본에 대한 책임의 무게를 견디는 경영자 역할도 해보았다. 회사가 부도로 폐업을 하고도 부채가 남아 30대 기업인에서 40대 신용불량자로 전락해 봤고, 생활고를 겪으며 자본주의 구조의 바닥은 어떤지 어두운 여행도 해봤다.

극단적인 상층부와 극단적인 하층부의 경험은 현실 세계의 천국과 지옥의 괴리, 우리가 양극화라고 부르는 자본주의의 모순을 체험한 좋은 자산이 되었다. 우리는 어떤 일을 직접 경험해 보았을 때 비로소 그것에 대해 말할 수 있는 자격을 얻을 때가 있다. 알아야 말을 하는 것이고, 알려면 그것에 대해 학습하거나 경험해야 한다.

나는 정치 평론을 하면서 우리 사회가 너무 정치적 담론에 쏠려 과잉정치화 되었다고 생각한다. 그런데도 우리 한국인이 정치에 대해 갖는 기대와 실망, 애증을 잘 알기에 정치에 대해 이야기한다. 이것은 지금은 기득권이 되었다고 비판받는 586민주화 세대의 일원으로 1970~80년대를 겪어봤고, 사회인이 되어 1990년대 민주화의 과도기 과정을 경험했으며, 1990년대 중반 국회 산하 연구원 생활과 2000년대 초반 집권당의 전자정당 기반에 참여하면서 디지털 시대 전자정부 프로젝트를 경험했기 때문에 하고 있는 일이다.

직장인 생활과 창업과 경영의 경험, 다수 기업과 정부 등 공공기관에 대한 전략 컨설팅 프로젝트 경험은 경제 평론을 하는 자양분이 되었다. 경영학을 공부하고 경영대학원을 나왔다고 경제 평론을 한다면 교과서 속 이론을 이야기하는데 그칠 것이다. 현실은 결코 이론과 맞지 않다. 그리고 학문은 벌어질 일을 예측하지 못한다. 벌어졌던 일을 해석하는 역할을 할 뿐이다. 학문이 과거의 분석으로 미래를 예측할 수 있다고 무리한 야심을 가지면, 사회 전체가 위험해질 수 있다.

내가 가장 좋아하는 영역은 문화 평론이다. 이것이야말로 내 전공이나 직업과는 거리가 한참 멀지만, 수십 년 동안 소위 '내돈내산'으로 돈과 시간을 투자하며 즐겼던 영화, 연극, 뮤지컬, 콘서트, 문학 영역이기 때문에, 객관적 분석과 주관적 감상을 엮어서 할 이야기가 많다. 흔히 시사평론이라고 부르는 사회적 사건사고에 대한 논평은 대학원 이후 전공인 사회학적 시각과 사고에서 많은 도움을 얻는다. 하지만 법률적 지식은 방송을 하며 공부해야 했는데, 함께 출연하는 유능하고 스마트한 변호사들과 오랜 시간을 함께 하다 보니 큰 공부가 되었다.

사람은 저마다 아쉬운 대목이 있기 마련이다. 방송을 하면서 베테랑 경찰 출신 방송인, 강력계 형사나 프로파일러 출신이 범죄 분석을 하는데, 함께 현장 분석을 하려니 내 지식이 짧았다. 그래서 2018년 민간조사원 교육과정에 들어가 '탐정'이라는 명칭의 자격증을 땄다. 경찰 출신만큼은 아니겠지만 현장 보존, 몽타주 도출, 지문이나 혈흔의 현출, 디지털 포렌식 기법, 범죄 유형 분석 등을 배우고 실습하면서, 상상과 추론으로 채울 수 없는 현장 경험의 느낌이 다르다는 것을 재확인하는 계기가 되었다.

방송을 하다 보면 군 관련 이슈도 많다. 공군으로 입대해 군 경험을 했지만 시대 변화에 따라 군대의 체계도 많이 현대화되고 변화하였다. 따라서 내가 군에 대해 아는 경험과 지식은 낡았다. 그래서 기회 되는대로 군 강연도 다니고, 전방 시찰도 다니다 보니 육군 정책 자문위원, 특수전 사령부 자문위원, 국군의무사령부 비전수립 자문위원 등을 맡아 관련 지식을 얻고, 궁금할 때는 부대를 방문해 현장을 참관하는 명예와 자격도 얻게 되었다.

필요한 경험은 스스로 뚫고 찾아서 할 수밖에 없다. 나름대로 이러한 노력을 한 결과, 혈혈단신 소속 회사 없이 프리랜서 평론가 나부랭이로 뛰어다닌 일이 연 소득 1억을 넘고 2억을 넘고 3억을 넘어 4억 원에 육박하면서, 지적·물리적으로 조직적 체계를 갖추어야겠다는 동기가 생겼다. 이 책의 집필 동기이기도 하다. 경험의 힘이 일과 연결되면서 시너지가 촉발되었다는 깨달음을 정리해야겠다는 생각이 든 것이다.

그런데 지금 하는 일은 철저하게 혼자 뛰는 일이기에 나의 역할을 누가 대체해 줄 수는 없다. 방송 출연이 감당하기 힘들 정도로 늘어나면서, 나이 오십에 소형면허를 따서 할리데이비슨 모터사이클을 몰고 생방송 시간을 맞추면서 다니고 있다. 덕분에 방송가에서는 퀵서비스 뉴스맨으로 소문이 났다. 방송국과 방송국 사이를 오토바이로 달리는 것도, 나만 하고 있는 유별난 경험이기도 하다.

일이란 항상 잘 되는 것만은 아니다. 지금 하고 있는 분야에서도 아직 큰일을 겪지는 않았지만 크고 작은 변수와 스트레스가 몰려오기 마련인데, 평정심이 필요할 때 나는 성경 구절 하나를 떠올린다. 창세기 3장 19절이다.

quia pulvis es et in pulverem reverteris.

너는 먼지이니 먼지로 돌아가리라.

광활하고 거대한 우주를 생각하면, 우리는 김광석의 노래 '먼지가 되어'처럼 미미하고, 좁쌀보다 작고 허무한 찰나적 존재들이다. 집착하고 연연하고 스스로 고통받을 필요가 있을까? 하지만 지금까지 이야기한 '경험'을 지닌 먼지라고 생각해 보라. 우주 속에서 우리가 큰 힘을 지닌 지배적 존재는 아니라 할지라도, 나름 위대한 먼지인 것이다.

우주의 긴 역사에서 잠시 반짝이는 작은 불꽃같은 삶을 살다 여행을 마치는 것이라면, 불행한 먼지가 되지는 말자. 고통스러운 먼지가 될 필요가 뭐 있겠는가. 행복한 먼지가 되자. 오늘 하루 즐거운 먼지가 되자. 다른 친구 먼지들에게 기쁨과 즐거움을 주는 먼지가 되자. 그렇게 길지 않은 삶의 경험 속에서 지금 나는 경험을 기반으로 살고 있고, 이왕이면 평론하는 먼지로 따뜻한 평론가 먼지가 되고 싶다.

여러분도 함께 경험을 나누는 음유시인 먼지들의 여행에 동참해 주기를 소망하며 이 책을 마친다. 앞으로 여러분의 삶도 멋진 여행의 경험이기를 기원하면서, Good Luck!

부를 만드는
경험의 힘

초판 1쇄 인쇄   2022년 1월 3일
초판 1쇄 발행   2022년 1월 11일

지은이   최영일
발행·편집인   서진
펴낸곳   스노우폭스북스

편집 진행   이호경 성주영
마케팅   김정현 이민우
영업   이동진

디자인   강희연

주소   경기도 파주시 광인사길 209, 202호
대표번호   031-927-9965
팩스   070-7589-0721
전자우편   edit@sfbooks.co.kr
출판신고   2015년 8월 7일 제406-2015-000159

ISBN 979-11-91769-12-8   03320